名师成长丛书

一路犁去

卢军良 / 著

长春出版社
全国百佳图书出版单位

图书在版编目(CIP)数据

一路犁去 / 卢军良著. —长春: 长春出版社,
2014.6
(名师成长丛书)
ISBN 978-7-5445-3325-6

Ⅰ. ①一… Ⅱ. ①卢… Ⅲ. ①中学语文课－教学研究
－初中 Ⅳ. ①G633.302

中国版本图书馆 CIP 数据核字（2014）第 084197 号

一路犁去

丛书主编:张玉新
作　　者:卢军良
责任编辑:黄立芹　王　莹
装帧设计:庄宝仁

出版发行:長春出版社　　总编室电话:0431-88563443
发行部电话:0431-88561180　　邮购零售电话:0431-88561177
地　　址:吉林省长春市建设街 1377 号
邮　　编:130061
网　　址:http://www.cccbs.net
制　　版:长春市大航图文制作有限公司
印　　刷:吉林省吉育印业有限公司
经　　销:新华书店

开　　本:787mm×970mm　1/16
字　　数:224 千字
印　　张:13.25
版　　次:2014 年 6 月第 1 版
印　　次:2014 年 6 月第 1 次印刷
定　　价:26.00 元

总 序

在老师的“志业”中享受成就感

温儒敏

长春出版社推出《名师成长丛书》，是很有意义的。这些语文名师大都出于基层，在教学一线摸爬滚打一路走过来，很不容易。他们成长的十多年，正是课程改革启动与深化的时期，其经验得失，和课改的命运息息相关，是课改的宝贵资源，值得认真总结推广。我看了这几位语文老师的文稿，深感语文课改的艰难。但无论如何，课改取得了显著的实绩。特别是一些新的教学理念，包括以人为本，尊重天性，以学生为主体，重视情感、态度、价值观的养成，学会学习，工具性与人文性统一，以及强调多读书、读好书，打好终身发展的底子，等等，这些理念也许有的一时难于落实，但正逐步沉淀下来，成为大家认可的方向。从这些语文名师成长中是可以看到这种巨大的变化的，许多新的教学理念已经转化为新生代优秀教师的教学行为，而他们又在影响和导引着更多的老师前行。

这套丛书的定位在展现“成长”。书中最感人的也是这些新生代优秀教师回忆各自成长过程的部分。每个人的经历不同，却又有共通之处，我看主要是这么几点。

一是都很有朝气，有理想，以教师为“志业”。在当今比较浮躁和势利的时代，年轻人好像都不怎么喜欢谈理想，愿意把当中小学老师作为毕生追求的人也少了。而这批优秀教师几乎全都觉得当老师是值得骄傲的事，这不只是“稻粱谋”的职业，更是一种可以充分张扬自己生命意义的“志业”。尽管在一线当老师比较艰苦，很多人陷于职业性疲倦，但这些优秀者有理想的导引，又能在“志业”中享受成就感，不管多难都始终保持高扬的精神。

二是在实践中大胆摸索，不断进取。俗话说教无定法，特别是语文教学，实践性很强，没有放之四海而皆准的捷径。成功的教学都总是因地制宜，切合实际的。从书中看到这些优秀教师的很多教学经验，都是来自实践，具有很强的可操作性，又有一定的理论观照，不是那种纯粹为博取喝彩的花架子。

三是有明确的专业发展方向，善于学习，不断“充电”提高。

我觉得这几点对于大多数中小学教师，特别是青年教师都会有启发。这里不妨稍微展开一点，说说语文教师的素养问题。

当教师最重要的是课要讲得好，怎样才能做到？大家都很重视收集模仿优秀的课例，注重教学技巧。这当然有必要，可以参考，但光是下这些功夫恐怕不够。课要讲得好，得靠学养。所谓厚积薄发，有足够的学养根基，才能持续提升教学水准。

现在社会心态浮躁，拜金主义流行，大家都没完没了地忙，难于沉下心来读书做事。但教语文是要有心境的，语文课人文性很强，教师的学养以及人格素养就格外重要。讲学养，既是教书的需要，也是教师自身精神成长的需要。因此，无论多么忙，最好有自己的精神家园，哪怕是有一块不大的“自留地”。不要一窝蜂地应对现实需求，评级呀，教学检查呀，还有没完没了的各种事情。当然这些必须要应对，谁也不可能完全超脱，但要保留一份清醒，一点距离，免得被动地全部卷进去。从这套丛书中我们也已经感受到学养的重要，学术“自留地”的重要。有自己某一方面的专业爱好，能多少进入相关领域，有一定的研究，有些发言权，这太重要了。你在这种状态中，人有成就感，同时也让自己保持思想活力。“在状态中”，还能帮助抵制职业性疲倦。最好的老师都不会满足于当一个“教书匠”。

时间与精力有限，大家都忙，但只要有心，总能挤出时间给自己充电加油。这些短期进修培训更重要。特别是青年教师，要有读书充电的三年、五年或者十年计划，有大致方向，持之以恒，可能就会“终成正果”，就像这套丛书的作者那样，当个研究型的中学老师，学者型的语文老师。这是值得追求的目标。有一句话“取法乎上”，给自己定位高一点，保留一点理想主义，那么学习、教学、生活就有了目标感，就更有意思。

这套丛书的作者都把教师作为理想的“志业”，这很值得尊崇。现在教师的社会地位没有过去那样高，但有理由相信会逐步提高，物质上也会取得较高的回报。再说教师的职业是稳定的，是创造性的职业，一定会重新成为令人羡慕的职业。要鼓励青年教师树立长远的目光。

这套丛书描述的是“成长”，涉及教师专业发展问题。所谓专业发展，不要理解为就是职业培训，应当有更高远的目标。培训进修当然必要，而且这也牵涉到一些实际问题，比如考级、职称晋升等等，但培训进修不能全部“直奔主题”，免得教师自己也卷入“应试教育”。重要的是在整体素质提升方面下功夫，在志向和事业心方向下功夫，要培养专业兴趣与专业敏感，拓宽视野，不断更新知识。现炒现卖，只关注与教学直接挂钩的东西，甚至只关注考试的效果，并不利于教师长远的发展。专业发展是人生事业发展的一部分，要有一点理想主义。

记得上世纪五六十年代看过苏联电影《乡村女老师》，女主人公瓦西里耶夫娜是个年轻的教师，在艰苦的环境中一样教学，带领孩子们快乐成长，她自己也获得非常幸福的成就感。这位女教师教孩子们读诗，有这样几句，我至今还记得：

挺起了胸膛向前走，
天空、树木和沙洲，
崎岖的道路。
嘿，让我们紧拉着手，
露着胸膛，
光着两只脚，
身上披着破棉袄。
向前看，别害臊，
前面是——光明大道！

当年我们上学也是那样艰苦，却又是那样充实，因为总有一些像瓦西里耶夫娜那样富于朝气的教师引领着我们。可喜的是，在这套丛书的作者身上，也能看到“乡村女教师”那样孜孜不倦“向前看”的精神。我们的时代、我们的教育事业太需要这种“向前看”的精神了。

2011 年 4 月 7 日于京西褐石园

（总序作者为北大中文系教授、北大语文教育研究所所长、国家级教学名师、国家基础教育课程教材专家工作委员会委员、义务教育语文课标修订组召集人。）

悟教随笔（代序）

卢军良

就令是一头牛，一路犁去，有时也会回回头，张一眼走过的田垄。数一数，走上中学的讲台，已有十七个年头了。其间的教学生活，成长着他人，也成长着自己。

有一件事过去很久了，但我从没忘记。

在走上讲台的两个月后，当时作为新教师要面向全校教师做一节汇报课，我心儿忐忑，一片茫然。热心的长者为我找来了一份教案：清晰，深刻，富有趣味，先由名师创造出来，加以实践，后有人照搬，遂成为名师。我捧着沉甸甸的几页纸，如获至宝，一节文字一节文字地与文章参照，一个环节一个环节地默记于心，只等着一个即将到来的时刻。

课上得很沉闷，时间慢得令人窒息。那次讲的是一篇鲁迅的散文，在从阶梯教室回到备课组的路上，我在教科书的后面写下了粗拙的两个字："愧迅。"

念及往昔，看到邯郸学步的自己，感喟良多。

当我们置身教师之林的时候，我们仰望着各样的树。这许多树，或圆盖撑天，或绿荫遮地，或枝横栏外，或干接云际，身处其中，首先要选择一个属于自己的姿势。

有的树是很快就会开花结果的，它们有耀眼的春，也有喜悦的秋；有的树是很快就会枝叶葱茏的，它们占尽夏日的风情；有的树是很久才能成其为树的，它们要经过不止一个冬天。只要是树，就各有各的价值。

树呈现出怎样的姿势，总是与阳光、雨水有关吧。但有一个重要的前提是，汲取各方的养分，长出属于自己的根。同样的土壤与气候，却会生成不同的材质，要想有什么样的材质，就要有与之相应的根系。一棵树，不好确定自己的姿势，但渴望雨水，方能枝繁叶茂；渴望阳光，才会光鲜润泽。

我们只是窃窃地怀着树的希望：有一天，当它倒下了，人们走到它的近旁，会惊叹地说："哦，瞧这年轮！"

有一句话，听过很久了，但总在耳畔。

许多人听课：省市的专家、本校的领导、本市的同行。课上得有些模样了，迎接着殷切的、欣慰的、赞许的、羡慕的种种目光。

一个冷峻的老友，轻轻地留下一句重重的话："为什么不让学生当堂背下来？"

我顿时汗颜。一百个字的一首词，四十五分钟的一节课，效率表现在哪里？

浮士德刚喊出一句："你真美呀，请你停一停。"我立刻成了倒毙在地的老翁，而我，是多么容易满足，多少次顾影自怜，沉浸在旧时的光景。

迤逦走来，我想到淙淙的流水。

当我奔走在最初的行程时，我的脚步充满欢快的节奏。一片石，一道沟坎，都可以令我炫耀不已；要是阳光正照在我掀起的一朵浪花上，我会误认为那朵浪花就是一片阳光。

山脚下有一片水，水边苍老的岩石说："你是一条支流，就像树叶上一条小小的叶脉。"一道斜阳照在我身上，我趁机藏起了羞赧的面庞。

经事的人们告诉我，听声音，就知道水的深浅。于是我懂得了自己的深浅，因为我总是能听到自己低沉不定的声音。静水深流，当耳边回响着各样的水声时，我知道，我的流程还有很远很远。

有一条路，走了很久，却永远在路上。

新课程的培训与实施开始了，"从此就看到许多陌生的先生，听到许多新鲜的讲义"，心眼俱开。面对仁者的叮咛，智者的教诲，处身事内者的热肠，置身物外者的冷眼，激动着、尝试着、困惑着、摸索着、争论着、反思着，又一路迤逦地走下去。

自竞逐松江，到作壁辽水，从寻经齐鲁，到献课金陵，一路观摩着、实践着，十几年下来，视野里有了江河，有了湖海，蓦然回首，仍是扁舟一叶。

曾经，我沿着窄窄的水道顺流而下，凭借一支篙。有时我的雇主并不需要我兼程赶路，我就轻缓地漂流。我从不觉得几片木板有什么寒酸。如果被系在岸边的枯树上，我还乐得日子里有一段安闲。在叫作码头的地方，我和我的同伴挨挨挤挤，偶尔也议论一下同昨天一样的明天。

后来，我又在宽阔的湖泊里往来穿梭，木板被包上了铁壳，船身装了一部助力的马达。人们夸我跑得快，我也感受到天地的广阔。我结识了新的同伴，我们经常比试：谁装得更多，谁跑得更快，谁显得更帅……

如今，我面对浩渺的大海踌躇着扯出风帆。我的木板尚未糟朽，我的铁壳依旧坚固，我的马达仍旧充满力量，但我模糊了旧时的岸，淡去了湖山的参照。舟戏大海间，舟戏大海东，舟戏大海西，舟戏大海北，舟戏大海南。终于顿悟，我需要一枚属于自己的罗盘。

当我写下上面的文字时，我本人已是新课程实施的一个受益者：在师长的引领下望见了指路的标，在同人的砥砺中窥见了前行的路，在学生的笑靥里看到了灿烂的影。所有的努力都是过程，而我的心总是向着一个遥望中美好的终点。

目　录

目 录

目录

目　录

我的语文教学成长之路

我的语文教育观

一、语文是半新不旧的学科，新花都开在老瓶子里

20世纪60年代末几年出生，是件挺尴尬的事。我是1968年出生的人，1991年参加工作时，20世纪80年代蜚声教坛的那批老教师正陆续退休并渐渐地淡出语文教学园地。我知道一些灿烂的名字，目送过一些光辉的背影，遗憾的是与他们在工作中形成交集的时间太过短暂。而比我长几岁的人，有些就曾是重量级前辈的弟子，亲聆前辈传道解惑，几年间突飞猛进。我看到这样的规律，新世纪以来活跃在中国的语文人，大都受过较为传统一代语文人的熏陶和教诲，传统的根扎得实。他们像最初一代的改革者，既锐意求新，又时时回护传统，在语文教学的蹒跚步履中表现得很特别，鼓吹新思想最激烈，回归传统的意识又最浓厚。我

受这一代人影响的最多。

我工作的二十年，正是教学领域不断标新立异的二十年，其间，教材就换了三四遍。在一个由一元到多元的时代里，人们有了越来越多的话语权。但各个方面仍旧显得混乱，国人似乎习惯于“分久必合，合久必分”的思维定式，合则一统到底，分则各立山头，我作为一个置身于大局面的个体，时时会显得无所适从。

个人的禀赋会制约人的发展，我不是一个具有特立独行的人，多少年来正做着孔子所谓“器”的工作，又不是什么可观之器，更多的是在做着车间工人那种计件的工作，讲课文、批试卷、做复习，更多的是盯在分数上，缺少观念的支撑。后来我渐渐感到工作的不愉快，一种倦怠感潜滋暗长。原来教学和一切事物一样，重复就意味着虽生犹死。

于是，并没有什么主见的我，开始见什么尝试什么。从一言堂到群言堂，从规定结论到不做结论，从具体的知识到泛泛的人文，迷失在异彩纷呈的语文教学观念的大观园里。

后来我渐渐悟出，语文还是那个语文，她朴素的像个乡间小姑娘，只不过是会打扮的人不时地给她更换了外衣。不管怎样，语文离不开民族语言、文字的修习和运用。这样想，就从容起来，不必担心在雨天，四面有轰轰的雷声，而看不到脚下的路。

二、不入藩篱，不解真乐

我的教学之路从一开始就比较幸运，从 1991 年到 1997 年，我一口气从初一教到高三，这对我后来的语文教学有很大的影响。在那之后，不管在哪个学段教学，我都可以立足于学生已知，着眼于学生未知，在教学中能够得心应手。

但这六年的教学中，我受益最大的是学会了中规中矩地做事。年轻教师要先懂得教学的规矩，接受教学的科班训练，这对以后的工作非常必要。从老教师那里学如何备课，设计教学方案，确定训练题目，学组织教学，设计问题，把握课堂节奏，学启发诱导，板书设计，作业讲评，这一招一式虽然有些机械，但却是日后的必需。

做什么就要像什么，作为一个教师，最初的学习就在于先让自己像一个教师。万变不离其宗，这个宗就是一代代执教者约定俗成的又切实有效的职业标准。

我一方面受益于前辈的指导，获益于自己一板一眼地做事，另一方面也受着个人性格的限制，所以我的专业发展稳健，但很慢。我缺乏质疑和创新精神，不属于能崭露头角的一类人，做事很容易循规蹈矩。别人怎样做，我觉得好，就尝试去做，有些做法虽然感到别扭，也并不多想，遇到异议，也常常为本就受人争议的结论找理由，和一些人一同指责教参上的某一个观点，又不情愿地给以尊重，生怕越了雷池。这种息事宁人的处事风格严重制约了我的进步，使我能较早成为合格的教师，却不见个人风格。

在最初的几年中，我像一只笨拙而尽职的老母鸡，尽心尽力地找到虫儿喂给鸡雏。每天沉浸在备课中，那时住单身宿舍，业余时间除了到学校附近的一个书屋看看有什么新书可买，就是到教研组里备课。听老教师的课，记得很仔细，思考的却不多；自己讲课，生怕哪个知识点没讲到或讲错了，误了学生的成绩。每天琢磨教参，教参上怎么说，一定是权威的，因为命题也是依据教参，那时可用的教学材料并不多，再加上受着“标准答案”的限制，个人发挥的空间是很小的，更多的时间是引导学生相信什么，而不是让他们说自己想的是什么。一上课，就只想着完成自己要传授给学生的那点东西，提问又不能让学生畅所欲言，总担心学生说偏了拽不回来，硬是拽回来了就显得自己多有本事似的。

但我珍惜这些经历，如果不是曾经被困在这样的藩篱中，就没有后来挣脱藩篱的快乐。我后来在语文教学中的一些进步，更多的来自对曾在藩篱中度日的反思，当我深刻意识到“今是而昨非”时，我就在一次次的回望与汗颜中更坚定自己选择的路。

三、从追求绚烂的日子里醒来

1997 年暑期到来前，而立之年的我一口气顺利完成了从初一到高三的全程教学。那时候，年长的教师还很多，一个刚毕业的老师教不教毕业班，在什么时候教毕业班，都要被反复衡量、推敲，能幸运地走过中学全程，我真是如释重负。我工作的第六个年头，依例成为中级教师，算是个成手了。之后就一直教高中，教学也更有信心，有一种“自己还行了”的感觉。一旦自我感觉良好，上课时就比较容易放得开，自己的教学追求也就在课堂上有所表现，这是教学个性渐渐形成的时期。承接着上一段教学，这一阶段最初的几年，大约有三年的时间，我沉浸在自己的口若悬河中，能很生动地讲解、发挥，也很满足。这也是后来听到一些理论后自己很心虚的地方。

1998 年，我在学校上了一节青年教师“创优课”。那时讲课还追求课堂的出彩，所谓出彩，比如把学生调动得好，课上踊跃发言，或是对课文挖掘得深刻，问题设计得巧妙，等等。

一堂课预设的东西很多，连某个环节用几分钟都经过仔细地计划，一遍遍地试讲、改善。记得一次听公开课，负责摇铃的老师与上课者形成默契，那边总结的话音刚落，这边就摇了铃。不差半分钟，讲完即下课，曾被看作是一项很大的本事。那种预设，跟中央台的《新闻联播》差不多，都是精心规划出来的。要讲哪些东西是固定的，不然完不成教学任务，是个硬伤。

预设太多的结果就是我可以尽情发挥。有五六年的时间，我沉浸在课堂上追求绚烂，表现口才。幽默风趣，出口成章，用自己的魅力征服学生成为一种骄傲。一次公开课讲《庄暴见孟子》，课堂的前五六分钟都是我一个人在说，像单口相声，下面不断发出笑声，我很享受。讲苏轼的《念奴娇·赤壁怀古》，我一口气讲了近20分钟，绘声绘色地介绍“乌台诗案”，介绍作者的人生经历，像在说一段评书。下课时王鹏伟老师说，这么短的一首词，为什么不当堂背下来？我想的更多的是自己如何表现，而对于学生怎么学，学到什么程度想的很少，除了滔滔不绝和几个自己很得意的问题设计外，留给学生揣摩和涵泳的机会真是太少了。这也是我常常感叹“我教了，学生怎么还不会”的症结所在。那时我常常一厢情愿地认为，只要我讲到了，学生就没问题，结果总意外地受到打击，反复讲的内容，学生也未必就会，没讲的学生也未必就不会。

新一轮课程改革前夕，很多人都在批判语文课“少、慢、差、费”。想想自己十几年的劳动，也常常心里有愧，许多被批判的现象在我身上或多或少地存在着。批评起来容易，实际操作层面有太多制约的因素：高考，工作氛围，个人学养，甚至是我们所受的教育和家庭出身，都可能是一种制约。我自己一边流汗，一边为语文教学流汗，毕竟，我还自认为是一个合格的语文教师，虽不能领风气之先，但还不至于落伍，要是依然故我不及早自省，一朝醒来，该是多么痛苦啊！面对走过的教学之路和教学效率低下的现实，我不能不思考很多事：语文教学的价值在哪里？语文教学的功过如何评说？我是成全了语文，成全了学生，还是糟蹋了语文，误导了学生？我深深感到反思后的痛苦，于是就更勤快地学习，实践，完善。

各级各类围绕新课程实施的培训开始，我先后参加了教育部中南高师师资培训中心组织的普通高中新课程语文学科骨干培训者国家级培训，被教育厅选拔参加教育部“国培计划——中小学骨干教师培训项目”研修，并先后参加了省市组织的五次培训。培训中真是经历了一次次的头脑风暴，时而乱花渐欲迷人眼，时而如闻仙乐，时而精神振奋，欲上青天揽明月，时而自惭形秽，不知画眉深浅入时无。经过了这些洗礼，我尝试着改善自己的教学。2007年在南京参加首届“圣陶杯”语文课堂大赛，我第一次尝试着用专题的方式来讲课。那节课获得了意外的收获，陈钟梁老师等评委将我的课评为高中组第一名。这是我第一次品尝到运用新理念带来的快乐，也算是尝到了课改的甜头。语文课教学，比起其他学科，它更应该体现独特性和新颖性。语文课跟文章一样，千篇一律一定是没有出路的。但不管怎样，语文课就是语文课，千教万教，使学生肯读书、会读书才是语文课的主旋律。

四、教无止境，教学生涯止于满足的那一刻

教一辈子书，没有功劳还没有苦劳吗？话也不能这么说，教一辈子书，还只是在苦劳阶段，是不是悲哀了些？况且，苦劳有的时候还不如不劳。教师也要有自身的成长和发展，事实上，教师的成长是很慢的。很容易满足于一种现状而不思进取，我在被评上高级教师最初的一两年就是这样，觉得什么样的班级和学生都应付得来，又有了高中几轮的教学经验，感到可以松口气。但一松气就发现自己油滑多于踏实，懈怠多于严谨，差不多就行的想法多于锐意进取的努力。教师是很容易吃老本的，积累了相当的经验之后，就变得稳定性强，创新性小，觉得没什么，便一路凭经验走下去。

最初我听到新课程理论和学者的阐释介绍时，觉得一离开课堂就特别对，一回到课堂又用不上什么，总能为不接受新事物作辩解。我后来发现没有走得更远，是因为我根本就没想走远。自己的很多方法也是切实可行的，但观念落后，不思进取，最后也只赚得几招舞枪弄棒的伎俩。时移世易，我还守着既有的观念，时时感到遭罪，做辛辛苦苦的努力，却总是老调重弹，“几十年如一日”地重复自己，不是很悲哀吗？

认识到自己的不足，就加强学习和历练，大量阅读新生代语文人的书籍，不断反刍专家们的意见，从中纠正偏差。一切改变都需要有付出。我原本就很笨，尽十分努力还不能期望得到六七分，要不努力就只有泯然众人的份儿了。我不是高标义旗、风骚独步的人，但对好的观念和做法愿意学习，虽不能至，心向往之。

我深深地认识到，语文教学要关注人，关注用。语文不是政治，不是哲学，但它像一切人文学科一样，一定含着关注人的学问，在交往和运用中体现价值。

影响我成长发展的最重要的人和事

二十多年中，影响我成长发展的人很多。在见贤思齐中，在质疑问难中，在他人的指导或质疑中，在真诚的热切的鼓励中，甚至在一份不易捉摸的目光中，我都会增添一份自信，或自省。其间的事和人真是太多，这里只撮要提及我工作的环境和我在教学教研中打交道较多的几个人。

一、我成长的土壤

一离开大学的门，我就进入了吉林省实验中学。作为一个语文教师，我的成长离不开这样一个特定的环境。这里的许多人都给我以影响，向我展示着不同的风格，给我以不同的教益。

语文是生动的，这让我想起特级教师吕志范。

吕老师的课生动风趣，惟妙惟肖，它不属于哪一种类型，也并无定式。吕老师这样看待课堂教学："课堂教学是一种特殊艺术。这不是翻翻课本、写写教案所能代替或交差的。因为，它要创造某种意境、氛围和格调——境；它要表露某种情感、情绪、情趣——情；它要传递某种意念、思想、观点、法则——意；它要培养某种应用、操作、实践能力——能；它要进行某种习惯、方法、技巧的指导——法。这五个因素要求教师具有某种艺术家的气质、禀赋、灵感和才华。"

吕老师对语文教师这个职业有自己独到的认识：他认为教师所传播的不单单是知识，更是取之不尽、用之不竭的智慧，在思想、知识、能力、方法的传授中，深刻是他们的灵魂，鲜活是他们的生命，新异是他们的风采，扎实是他们的本色，而教师的教学要立足于境、情、意、能、法几个方面的创造。

教师要有"一丝也不放过"的谨严，这让我想起我的老师杨忠善。

"军良啊，你看——"这是杨老师给我打电话时常用的开头方式。每到这时，我知道杨老师又在考我了，他提出的问题常常能切中我思考的漏洞。他在教学中扎实稳健，是中青年语文教师中的佼佼者，在讲课时从来都是一丝不苟，从不说自己拿不准的话。跟他学习，从准备教案到课堂教学，从批阅作业到命制试题，从观摩学习到集体评议，每个环节都使人受益匪浅。

杨老师虚心向每一位老师学习，记了几大本听课记录。年近五十的他，每次听了年轻教师的课，总是满心欢喜地说："你看，这节课的这个设计对我就很有启发。"比起一听课就横挑鼻子竖挑眼的人，比起对很多课每每表现出不屑的人，杨老师的宽厚与乐于借鉴，给我留下很深的印象。

吉林省实验中学语文组曾出现过许多严谨多思、善诱精深的老师，他们身上有一种质朴的精神，不事张扬，埋头苦干，在朴素中彰显绚烂，也许他们自己并不觉得。但这些，作为一个二十多年身处其中的人，我深深受益。

二、给我启迪的人

我不是书法爱好者，却因书法知道了启功先生，进而知道他从中学的讲坛一直做到博士生的导师。现在我们称他为国学大师，虽然先生本人并不接受。想想启功先生那样学问背景的人教中学语文，受教的人真是有福了。

十几年间珍藏着一本启功先生的《汉语现象论丛》，阅读之后除了在学问上受到教益之外，我还受到一种学问之外的陶冶。

先生很平和。他不轻易地下结论，虽然已经列举了充分的材料，有了独到的发现，也只是平和地说出，并不摆出获取发明专利或注册商标的架势。读先生的文章，是学术文章却没有那种讨厌的论文面孔，是教学讲义却没有那种居高自傲的导师架子，每每读几页，都会有一种听老祖父讲故事一般的亲切。

先生求是。他在教学和研究中一发现问题，就耐心细致地寻找材料，寻找规律。他研究的东西不是什么显学，却显然是需要研究的学问。他更愿意做一些与民族语言、文字紧密相关的基础工作，把许多我们似曾相识又说不清楚的东西梳理得很清晰，讲解得很透彻。

我并不敢说从启功先生身上学到了什么，但他的平和与求是的精神，给我很大启迪。反观我的成长道路，正是浮躁和不求甚解，使我总是不够扎实，轻飘飘的。

有一段时间，我笨拙地模仿启功先生研究问题的思考途径，尝试着就某个使自己困惑的问题做一点搜集材料、归纳整理的工作。结果发现，看似寻常，做来艰辛。但我愿意继续尝试，虽不能至，心向往之。

三、师者张玉新

张玉新是少数比我年长而我经常直呼其名的人之一。他是个很随性的人，不会以长者的身份自居而怪罪你的造次。即便是长我五六岁，我也总是“玉新，玉新”地称呼他。

他 QQ 的昵称是“关东汉子”，这大约是虽不能至心向往之的意思。他本人个子不高，人又不胖大，但从秉性来说，是当得起的。大约是家中长子的缘故，他身上有两个明显的特点：一是有担当精神，二是乐助人成功。他是一路作为语文教师和语文教师的培养者走过来的，心思纯明，所以能够有“吾道一以贯之”的气概。他的健谈，善于思辨，会品茶，会唱京戏，真诚不遮掩，凡此种种，都极易给人留下深刻的印象。

玉汝于成，守正出新，玉新是个用实绩说话的人。他不是精致的湖，而是一条腾跃奔涌的河。水有独成江湖的豪情，你看他过关斩将，硬是在高手云集中闯出一片天地；你看他高歌猛进，从不因为有了各种美誉而四顾停歇。水有善利万物的品性，你看他奖掖后进，从不吝惜投入个人的精力；你看他培植新苗，为每一片新绿欢呼鼓舞。这些有玉新的一堂堂课、一本本书和他带出的一个个人在，我不想多说。

大端之外，我想起几件细事。

一次玉新请客，拿来几样白酒和自酿的红酒，乐颠颠地推荐给大家。他不喝酒，只喝茶，喝得高兴会唱几句戏词。若众人低语时玉新到场，气氛一下子会不同起来。看到他，我有时会想起旧小说中挥霍谈笑的话来，杯盏间会因他而增添很多乐趣。我跟玉新吃饭，或因课的事，或因题的事，或因书的事，此外就很少有什么由头。

还有一次去教研室讨论，遇阵雨。玉新一大早出去，祭拜张翼健先生，回来时说起墓地下了好大的雨，等祭拜完，回望墓地一片晴明，大约先生地下有灵，歆享了晚生的礼敬。张先生去世后，玉新失落了很久，也时时为文追悼。玉新近几年做的一些事，很多都是在继续着张先生的工作。玉新不忘所自，心念旧恩，是很令人感动的。

有段时间，玉新手头有几件事急于做，连博士论文都挪不出工夫写。但他忽然把一切事推开，忙着联系出版社，忙着查阅资料，忙着校稿，为的是完成一位八十多岁老人的心愿：

将自己多年教读《论语》的笔记结集成书。那是一本没有市场的书，玉新忙了一气，又出了印资，无非是要了却老人家的一个心愿。

玉新好客，玉新念旧。这些在今天看来未必入时的事，倒很能见出一个人的大或小来。跟他在一起，他会教给你很多，而不单单是关于语文。

在反思与实践中成就语文教学观

回忆与反思

——拿我的语文学习说事儿

确定这个题目是因为我相信反顾自己的学习经历，对指导学生学习或许有一些帮助，至少面对“语文怎么学”的问题，可以提供些许答案。

一、读书的声音是心灵的声音

上学时，我是喜欢读课文的。说不上有什么朗读技巧，声音大，在读对话时能试着模拟不同年龄人物的口吻。记得小学的课本上有一篇课文《琥珀》，读到“孩子，这是琥珀”一句时，我就努力让声音像一个慈爱的老爷爷。由于经常被叫起来朗读和自己对朗读的喜欢，我建立起了信心，不大担心会读不好。

上初中的第一节语文课，我率先举手读了课文，之后被任命为课代表。在那之前，我还不曾听说过有这样一种职务。课堂里，我曾满含感情地朗诵过《周总理，你在哪里》。初三前的那个暑假，在夏日阴晴不定、雷电时常骤至的日子里，我不止一次地在广播里听到夏青朗诵《海燕》的录音，在印象中那是我第一次听配乐朗诵，至今还记得那激昂的声音，还记得不同句子的语调和节奏。在课堂上，我模仿夏青的朗诵得到了老师的夸奖。我的声音，大约是中低音，在大学的课堂里，我朗读过《报任安书》，觉得那感情与自己的朗读很相符。

一直到现在，我在朗读方面也没有什么大的长进，接受的朗读指导不多，也不曾下过专门的功夫。我朗读的特点是比较由着性情，对情感上、节奏上与自己较为契合的作品就偏爱些，其他的就把握不大好，这大约与一个歌手更适合唱某种风格的歌曲有些相似。但我是喜欢朗读的，它给五音不全又爱哼歌的我带来一种满足感。

现在想来，我喜欢学习语文与我喜欢朗读，并得到更多的读课文的机会是不无关系的。对文字理解的程度，很大一部分会通过朗读表现出来。在教学时，一些浅显的文字，与其刻意地作分析，不如有意识地进行朗读指导，朗读又能帮助记忆。现在试卷中有背诵的题目，不少学生为了拼那几分吃了不少辛苦，他们并没有在反复诵读中获得乐趣。中国的诗歌以及一些散文都是声情并茂、意蕴无穷的，实在是百读不厌的佳品。如果能在教学中引起学生的朗读兴趣，指导学生基本的朗读技巧，形成良好的朗读习惯，这对提高学生的语文素养无疑是大有裨益的。

我们现在的教学，尤其在中学较高的年级，功利性是越来越强了，而并不作为考试内容的朗读也就不能被很好地重视。许多课堂里，善于朗读的往往只是几个人，高年级的课堂更是如此。看来，在朗读指导方面还有许多需要努力提高的地方。看看我们成人群体，能读稿的人自然比比皆是，但真正懂得朗读的人就不易见到了，更多的是麦克风里传出的声音，没有节奏和美感。我们真不愿看到这种情况长久地存在下去。

朗读，还真不是读一读那样简单。希望有长远眼光的语文教师能重视朗读训练。

二、阅读要珍视具体的个别感受

大约在小学三年级以后，新书发下来，我当天一个下午就基本读完了。到今天，还有老师讲授一篇课文前用生动的语言描述一个情境，然后向学生问："你们猜，这个作家是谁？"于是学生们异口同声地说出这一课的作者来。殊不知，没有哪一个学生不是在老师讲到这一课时才翻到那一页的。

教师讲课是一回事，学生阅读又是另一回事。在过去很长一段时间里，许多语文老师讲完规定必讲的内容，就算完成了教学，不大顾及学生的感受。最显著的一例是为文章划分段落。在我学习的那些年——二十世纪七八十年代——课堂上作家作品记了，生词解释了，课文读过了，接下来就是划分段落，概括段落大意，再之后是总结中心思想，明确艺术特点。划分段落经常出现意见不一致的情况，教师的方法是找几个人来划分，直到划分“正确”为止，有时不得不亲自上阵，而“正确”的答案自然在教学参考书上。我想每位语文教师都会遇到与教参意见不同的情况，但坚持己见的一定不多。虽然不同的意见都有一定道理，但那时要求意见一致。

有的文章开头、结尾与主要内容的界限很清晰，是容易划分段落的；有的则不是，因为划段分层总要花些功夫。对于学生而言，那不是最关注的事。给文章划分段落，概括段落大意，相当于今天教学中所说的“整体感知”吧。我看今天讲整体感知，充斥在教学参考书和教学设计中的也多是就行文结构而做的划分，以及对这结构划分的内容概括。这种情况在公开课的教学中倒不大能看到。上公开课的老师往往避开这种“结构划分，段落概括”的套路，可能是觉得其中并无新意。但日常教学中，有的教师就容易贪走熟悉的路而不变通。

段落分析也好，整体感知也罢，都不错，关键是怎样契合学生的兴趣与认知。毕竟，教师只是在传授，而学生才是学习的主人。

还有一例让我印象很深刻，那时有一种题目是指出某句话的深刻含义。每及于此，老师慢慢地念，学生匆忙地记，记下后苦苦地背。比较典型的是名家作品中的一些有名的句子。虽然许多解释并不错，也是可以接受的，但总苦于额外的记忆太多，倒对原作少了许多亲切的感受。不止一次听人讲，有些学生自己看文章还挺有感觉的，老师一讲倒没什么意思了。每每听到这样的话，总是很惶恐，生怕自己就是那样的老师——其实，自己未必就不是那样的老师。

阅读和语言表达在中学语文教学中权重很大，如果说我们语文教学的效率不高，那么很大一部分也是就阅读教学而言的。门内的门外的都常常说，学了多少多少年语文却不会什么什么，读了多少多少篇诗文却不会什么什么。面对这些很现实的问题和不无道理的针砭，我们每个从事语文教学的人都不轻松。阅读问题积久而弥新，任重而道远。

三、文到真时品自高

小学三年级开始写作文。有一次写了作文没法收尾，父亲看着着急，为我补了个很有力的结尾：“努力学习，把无产阶级革命事业进行到底，为共产主义事业奋斗终生。”老师问：

“结尾是你写的吗？”我支吾一下只好如实交代。那是“文化大革命”刚结束的两三年，口号似的作文结尾很流行，空洞而美丽。

其实写文章最忌讳的是虚假。虚假的语言有时可以附丽一时，但久而久之就成为人格的缺陷。美国前总统林肯说过：“你可以一时欺骗所有的人，或永远欺骗一部分人，但你不可能永远欺骗所有的人。”事实正是这样。

好的文风需要从一动笔墨就开始培养，我们宁可言之无文，也不能宽容编瞎话的风气。如果误将虚假当作真实，那就更加可怕。明知自己的东西不真实，羞于示人，也还可救；要是明明在矫情，在假话欺人，却自鸣得意，就无药可医了。但有时我们是不是也在有意无意地助长某种不该有的风气呢？

我的语文老师说过写日记的事，他只是提到，但从来没有收过日记本。很多人并不写，但总有写的。我写过日记，有事则长，无事则短。后来看鲁迅先生的日记，有的日子里就记两个字：无事。我以为这样写的日记比较能反映生活的原貌。

我在工作之初教的是初中，那时备课组规定学生要写日记，到后来发展为写周记。日记和周记都有字数的最低限制。我发现一些学生在编日记，他们把日记当作一个小作文来写，实在没什么可记的就胡诌一气。等到某天说先不用交了，这些学生皆大欢喜。这样的日记、周记实在没什么意义，因此使一些人靠编造来应付了事，反而得不偿失。好在到了初三，交日记的事也就淡下来。而对收日记的事，只要不是有明确的要求，我是绝不去做的。我倒是很鼓励学生养成写日记的习惯,为自己所过的生活留下一点痕迹,但我不赞成去看学生的日记。

学生写日记或作文时去模仿、编造，甚至抄袭，多半是为了在老师那里显得好看些。而逼得学生这样做，主要是我们不大能体谅学生的难处，人为地拔高了标准，比如规定日记必须写多少字，比如以几个异乎多数的文为“范文”，而忽略了整体的指导和提高等等。我们有时的确是怀着恨铁不成钢的心情，埋怨学生的幼稚，但如果设身处地地想一想，我们自己作文的甘苦如何，也许就心气平和许多。如果像旧式的婆婆一样，一旦从受气的小媳妇变成行使权力的长辈，多年的媳妇熬成婆之后，就颐指气使起来，再不去想做媳妇时的艰难，那么我们的学生还会走一遍老路，少数人得了“婆婆”的欢心，多数人不受待见，长此以往，真话说不好，甚至不会说，也就只剩下硬着头皮苦熬的份儿了。

我上初中的那几年，刘兰芳的评书盛极一时，许多人家就是为听刘兰芳的评书而添置了收音机。我喜欢听评书，喜欢那“欲知后事如何，且听下回分解”的悬念。初中的教材里有一篇文言文叫《李愬雪夜入蔡州》，语文老师兴之所至，要我们将其改编成评书。我很有兴致，当晚一气呵成。千把字的一篇分成四回，还煞有介事地起了对仗的回目。作文受到了褒奖，在全班被当作“范文”。整个中学时代，记不得写了多少篇作文，只有这一次留下深刻的印象。到高中，虽然每次努力地写，但都成绩平平。我是认真对待作文的，怎么总写不好呢？后来发现，我写的作文没有源头活水：读书少，见识短。

做老师以来，我遇到一种现象：有一些学生的文章写到能发表，能获奖，但在常规的作文中并不见佳；有的学生在平时和考试中作文能得高分，但文学素养一般。是不是我们平时给学生限定得太多，致使写作的空间太局促呢？我看有这方面的原因。我们一些考试的作文题目，常常是明示或暗示了立意，学生就只剩下证明“定理”“公理”的份儿了，提着一颗心怕“跑题”，想要写得活泼生动起来，真是不容易。

回到几个常识性的问题上来。人为什么要写作呢？古人说得好：“不平则鸣。”写作实际上就是借文字的诉说来求得心灵的一种平衡。写什么呢？白居易给了很好的答案：文章合为时而著，歌诗合为事而作。作文题目都是关乎“时”“事”的，学生为什么写不好呢？因为我们要学生关注的未必是学生乐于关注的。如何让学生乐于关注“时”“事”呢？这看似作文以外的问题，恰恰是写作的前提。这样看来，作文写得如何，不是一个技术问题，而是一个观念问题。

在高中阶段的写作中，我很注重引导学生写社会生活评论，让他们就某一社会现象或新近发生的事件进行思考，自拟题目进行写作。每次写作后，我都会沉浸在学生丰富而深刻的观察思考中。怎样开头，如何结尾等等是靠模仿就可以学到的，而观察力、责任感，却不是仅凭几次专题讲座，或是几篇范文引领就能奏效的。

近几年，我们的很多作文命题都在尝试着引导学生关注现实，但我们还要尝试着让学生去发现问题，思考问题，亮出自己的观点。画出了立意的圈子，就等于漠视了学生的头脑，作文也就变成了既定观念的传声筒，当然也就不用再期待独立的思考了。阅读一些斐然成章、缺失独立思考的“满分作文”，不禁让人想起古人关于“文”与“质”的议论。

我们不必向学生灌输更多写作技巧了，作文指导的当务之急在于培养学生敏锐的洞察力，以及健全的思维品格。作文的问题，首先是做人的问题。

四、读书需要鼓励热情，适时指导

上学时知道的作家作品很多，我所读的书却少得可怜，先是没有读书的条件和环境，待条件具备，环境有了，又没有读书的习惯了。小学时，上课看课外书是一大罪状。初中时，一位同学在政治课上看《封神演义》，任课老师发现后疾奔过去，举书在手，声色严厉地说："真行啊，都看出神来了！" 高中时，因为是在县里的重点中学上学，很少有人染上看课外书的"恶习"。

我看课外书的时候很少，又纯是在课外。一次是在那位"看出神"的同学事发之后，我向他打听《封神演义》是怎么回事，想借来一看。因为那书被没收了，他就答应借给我一本《四明山》。这是反映隋末乱世的小说，讲程咬金等几位英雄的故事。这让我大开眼界，知道了隋炀帝怎样游乐无度，知道了李元霸如何膂力过人，知道了徐茂公如何足智多谋，知道了以前听过的麻胡子是怎么回事。那是在农村的土炕上，劳累一天的父母和两个懵懂的弟弟都睡了。我头枕着炕沿，两手将书举到眼前，就那样一个姿势看完，大概有两百页左右吧。母亲偶尔改变一下睡姿，迷迷糊糊中说一声"别学了，睡吧"，就又睡去，因为书包了皮儿，她并不曾想到那是一本课外书。

那一次夤夜读书，看得异常兴奋，第二天走十二里路去上学，也并不疲倦。但深感自己"没有正事儿"，也就此打住，不再继续借阅了。

于是在读中学的那些年，我错过了武侠，错过了琼瑶，错过了三毛，待到上了大学有时间时，又都在为学业而看书了，出于兴趣而读的书并不多。

琼瑶的小说我只读过一本《窗外》。那是上高三时，一位好友看过后极热情地推荐给我的，于是在下午的三个自习课上一股脑儿地看完。那时读到很多旧体诗，也分不清是引用古人的还是仿写古人的，觉得很有韵味。读过之后就有一种奔出去再也不回到课堂的冲动，但也只是冲动。那时正流行一首歌："我想唱歌可不敢唱，小声哼哼还得东张西望，高三了，还有闲情唱，妈妈听了准会这么讲……"

拥有许多书后，我再找不回那份读书的执着了。生活中多了世故，看什么都不再有莫名的激动和喜悦了。读书与世间许多事一样，还是要趁年轻。读书正如一世爱情，虽然可以两情绸缪直到白首，但最初的相遇总会留下斑驳的旧影。

所以，当我发现一个孩子在读课本之外的书籍时，我祝愿那孩子像我当初一样投入热情，发现奇珍。同时我也祝愿那些喜欢读课外书的孩子能得到更多的呵护与指导，不再被呵斥，不再遭冷眼，不再受讥嘲。

不惑之年看语文

语文，连学再教快40年了。交道打得久了，也会生出一些个人的想法，也会认同一些成功的做法，这些想法和做法，又像一切年深月久的观念一样，越来越固执起来，化作成见和格套。写出来，请同行们纠正。

一、语文是怎么回事

我对语文学科的认识，集中在下面一段文字里：

语者，所以明情意也；文者，所以达辞彩也。盖天地生人，不能不赖语文而立世益群，文明既彰，不能不假语文而发明阐微。组号语文，座中人，均诸子经眼，风雅识得，既徜徉于文学林，春秋馆，儒士苑，终不负屈子志，史迁笔，孔孟心。明道达学，止于立身，传道授业，成于立人。同道共勉，兹志此铭。

这是我于2012年8月所写，里面包含了我对语文的理解，对语文功用的认识和对语文教育的期许。

语文是人类心灵世界的外化物之一，是人类思维的一个结晶。它的特征是把情意表达出来，且表达得美好。字词句篇、语修逻文，无非是要彰显出这样一个特征来。从独乐乐到与众乐乐，语文既是一个媒介，又是一道纹饰，正是它，将支离的音符连缀成华丽的锦缎，把我们从独白带到群讴。语文的意义，也许就在于使表达、理解和交往的能力沿着无限向上的精神云梯不断爬升。

语文教育应该借助母语对文化的传承。没有哪一个学科能像语文一样具有民族个性，当我们说到语文时，是指一个拥有共同语言的群体运用该语言的一切手段和目的。粗犷与细腻，直白与含蓄，明快与婉曲，在不同语言中虽然具有可译性，但可译的部分，多浮于表面，总要比沉于渊面以下的部分少得多。我们在比较和借鉴中学习语文是必要的，但先要立足于本民族语言的土壤，是特定的文化决定了语文的特殊性。

依我的浅见，所谓语文，就是古人所说的“小学”吧。这门课，注重打好母语运用的基础，以便在各个方面能更好地运用它。一个人能识字，能写字，会读书，会表达，这就完成了语文学习最基本的工作。古人讲“六艺”，即射、乐、礼、御、书、数，跟语文相关的也不过一个“书”而已。今天，作为一门学科，语文却烦琐得多，使教的人、学的人都忙得不亦乐乎。可十几年下来，更多的情况是学的不满意，教的不惬意，一有什么风声雨声，语文就成了众矢之的，这是为什么呢？

翻阅教科书会发现，我们的语文承载了太多的东西。我们的教材选文，大体上还囿于经史子集的框子里。要思想性强，这没问题；要传承往古，这没问题；要郁郁乎文，这没问题。问题是语文是要“皓首穷经”，还是要“兼济天下”？不管怎样，语文真是承受着不能承受之重。语言文字衍生出来的种种意义，变成若干个“囊”，都掮在语文身上。更何况，按照不同人的偏好，还有更多的“囊”在产生，想不腰弯背断都很难。

二、语文教学是怎么回事

语文教学是关于如何习得、延续与发展民族文化的一种技艺。

吉林省实验中学语文组，曾涌现出以吕志范老师为代表的老一辈优秀教师。“情境教学”的倡导与实践就是一个成功的范例。“情境教学”以情境为中心，以情感为纽带，以学生为主体，通过多种手段创设情境，让身处情境中的学生用眼睛去凝望，用耳朵去聆听，用手指去触摸，用心灵去感应，大大地提高了教学效率。它以培养兴趣为前提，诱发主动性；以指导观察为基础，强化感受性；以发展思维为重点，着眼发展性；以情感因素为动因，渗透教育性；以训练语言为手段，贯穿实践性。

20 世纪 80 年代，在人们尚不能摆脱工具主义教学观的年代里，吕志范等老一辈教师们就开创了素质教育的先河，形成了“魂、情、新、活、用”五位一体的语文教育观。“魂”是指在整个语文教育活动中，重视语文教学的思想性和精神感召性；“情”是指在语文教学活动中重视创设课堂情境，在教学中动之以情，对学生进行熏陶感染；“新”就是不断更新教育理念，在教学实践中善于思考，不拘常法，勇于创新，从而培养学生的创造意识；“活”指强调教学必须从实际出发，采取灵活多样的教学方法和教学手段，重视多种课型设计；“用”是强调语文教学的培养性与实践性，以期使学生养成良好的学习品质，学以致用，拥有语文素养的深厚底蕴。

这种五位一体的语文教育观是契合语文学科特点和语文教学实际的。

三、语文教师是怎么回事

我喜欢“国文教师”的这一称呼，范围的限定，职业的责任一目了然。语文教师是祖国语言文字学习与应用的指导者，除此之外，任我们赋予语文教师怎样多的道义与担当，都不是最重要的。

所以，语文教师先要谙熟祖国的语言和文字，进而熟悉用这些语言和文字构建表达体系的方式和原则。语文教师，实际上是祖国语言运用的规范者和示范者。

母语环境下文本解读的感性与知性

我们来思考一下如何帮助高中生建立起较好的阅读习惯，培养他们终生阅读的志趣。我们试着从这样一个问题入手：人们为什么要阅读?

如果我们留意过书店中那些坐在角落里认真读一本书的小孩子，如果我们注意到那些未必上过很多学但津津有味地捧着一本书阅读的成年人——这样的情况是不难遇到的，你会发现，阅读仿佛是人天性的一部分。人们怀着与生俱来的兴趣探索未知世界，许多都是借助阅读，了解熟悉的和陌生的生活，就像天生的要观看外物、聆听声音一样，人们似乎天生有着阅读的渴望。我们可以认为这是一个常识。

我们再试着设身处地地思考一下：从阅读中我们渴望得到什么?

从浅层次来说，阅读给我们提供了一种安适和愉悦。没有比不需要考试的阅读更让人轻松惬意了。从更高的层次来说，阅读充实着、净化着、涵养着我们的心灵，给我们的心灵带来一丝慰藉，一种同情，一缕温柔，一份刚毅……不一而足。

如果能让一个阅读者永葆阅读的兴趣和愉悦，那是很了不起的功绩。但毋庸讳言，无论是我们每一个受过教育的人，还是许多正在受教育的人，这些人的阅读兴趣几乎被语文课磨蚀殆尽了。

这就使我们不能不正视一个问题：为什么在识字之初尚有的兴致到识了许多字，可以更自如地阅读时却又找不到了呢？如果我们的语文教学没有增加学生的阅读兴趣，反而削减了，这里面一定有文本解读方面的原因。所以我们要思考，在母语环境下如何解读文本。

人们阅读一首诗、一篇文、一部书，如同与其他客体打交道一样，总是在感性认识和理性认识的不断累积与升华中上升到更高层面的认识。而母语文本又有其特殊性。就像我们熟悉自己的亲人一样，我们习惯于母语文本的气味，它的一个句式，它的一个用词，都与阅读者有着极为自然的默契。也如同人间许多美好的感情无须费口舌去解释一样，母语文本中蕴蓄的许多感情与道理也是无须大加诠释的。认知是有差异的，在阅读同一个文本时会普遍存在着差异，有时会迥然不同。但我们在教学中往往倾向于趋同求近，排新斥异，这势必会使阅读个性受到损害，久而久之也就扼杀了阅读兴趣。将阅读只当作完成学业的需要，势必使学习者处于被动接受的地位，远不能激发起阅读的喜悦与发现。

《四溟诗话》有一则说："诗有可解、不可解、不必解，若水月镜花，勿泥其迹可也。"这话真是道出了解读中国诗歌作品的个中三昧，移到解读其他母语作品，也未尝不可。而我们如果没有在语文课上让学生领略到阅读的妙趣，是不是犯了阅读的忌讳呢？硬是在"水月镜花"中"泥其迹"，"可解"之处解偏了，学生不理会；"不可解"之处解实了，学生不买账；"不必解"之处解繁了，学生不领情。这几种情况哪怕存在一种，也会大大影响到学生阅读探究的兴趣，结果是讲的人累，听的人更累。我们看一些高考阅读题的设问与答案（这到底还是出于很严谨的考虑）就不难发现，人们在解读作品时臆断的情况真是太多了，这对阅读趣味的伤害是致命的。而教学中如果充斥了这种臆断，执教者就变成了凌迟施刑人，千刀万刀地伤害着作者和读者。

那是不是说我们只有遵循了"一千个读者就有一千个哈姆雷特"的训语，在文本解读中听之任之呢？当然不是。解读文本，要将感性与知性很好地结合起来，既帮助学生调动生活经验和阅读积累，增强感性认识，又引领他们提高综合能力和思考水平，提升理性认识。

列举一个经常遇到的情况，来说明帮助学生调动生活经验和阅读积累的重要意义。作家大多注重炼字，由炼字而来的题目也是常见的。我们看一些炼字题目给出的答案，常会发现有一些超出学生生活经验的解释，使学生最终并不能真的明确为什么只能“这样”而不能“那样”。生活是丰富的，是可以感知的，而一些对源于生活的作品的解释常是抽象的，较为个性化的。要求学生面对同一文本，达到相同的认知程度，这是不合理的。而我们常常将“不合理”看作是天经地义。合理的应是合乎自然的，合乎人的发展阶段的，合乎学生的认知起点的。

由感性认识上升到理性认识，这中间是很复杂的，有时甚至很玄妙。我们的古人很看重顿悟，大约就是认识到了这种“上升”的不易，连孔子也说过“朝闻道夕死可矣”的话，可见“认识上去”的艰难。如果我们在教学中依据先验教给学生一些知识和道理，除了记忆力好的学生多储存一些生硬的信息，此外还会有什么益处呢？德国著名教育家第斯多惠反复强调“不要教学生还不能理解的知识”，或许这正是对揠苗助长之风的一种劝诫吧。

基于此，我们在语文教学中，要努力帮助学生由已知到未知，凭借生活经验和知识储备，在阅读中去合情合理地感知、发现、探究，从而进一步丰富自己的生活经验和知识储备，不断增强阅读兴趣，扩大阅读视野，提高鉴赏能力，升华人文素养。这样，我们改一句现成的话，通过我们的教学，就能使“一千个学生有一千个阅读天地”。

（原载《吉林教育》2009 年第 11 期）

读书要识得本与末

在很多场合，听到人们对读书尤其是语文教师读书的呼吁，我认为是很切要的。于是想：读什么书呢？

近来有一种不良的习气，舍原典之本，而逐其末，以充阅读之博。譬如一部《红楼梦》，教师对原著还不能了然，却搬了诸家的评点，东鳞西爪，说起来凿凿有据。终究远离庐山真面目，使自己陷入混沌的大泽，寻不到出路。

语文教师的书底子，似与其他科目教师又不同。某一个汉字里，就可能包含着民俗、历史、政治，而这些汉字串联起来，又包含着我们民族的文化因子。所以，语文教师的书底子，首先是本民族的经典。

堪称经典的如此浩繁，加之很多别有目的的阐释又使其变得更加芜杂，一般人阅读起来觉得空有大志，不知从何下手。个人以为，华夏文明自有根底在，之后才因木成林。凡有一棵之苗，总是被不断延展，枝叶繁茂起来。譬如“诸子”，譬如《国风》《离骚》。

谈及语文教师的书底子，我以为当从原典中积淀，绝不可做文化的贩卖。传承在形式上有时近于贩卖，但两者的本质是迥然不同的。传承是依据原材料的制作，贩卖是一进一出的搬动。传承如用了小贩的伎俩，就是赚点搬运钱，即便是用了挪移大法，也只是小贩发达，开起了搬运公司而已，这于发展是不沾边的。更何况为了牟取暴利，又掺假使诈，搞得原材料面目全非，真是贻害无穷了。

除了本民族的经典外，还不能不涉及对其他民族经典的阅读。语文需要有比较的眼光。我认为，读外国作品，也应以读经典原著为佳，而以介绍为辅。这当然不是说要精通若干种语言，如能寻到好的译本，精心研读下去，就很不错。以中国人近些年苦读洋文的热忱，能啃读外文原典的人会有一些吧。如果有，自然好；如果看移译后的作品，虽然糟糕的翻译不少，但总有一些好的译笔在，比起只看介绍，道听途说要好得多。

一个受过中等教育的人，被问起来都会说出一些著作的名字。我们的学校教育，在过去似乎更鼓励学生记下作家及其作品的常识，而不大培养学生阅读的兴趣。所以教师自己要读，品出滋味，再分享给其他人，才是正途。当前中学校园里的学生，在语文课上做题的时间远多于读书的时间，仿佛埋身题海才是正路，读书反倒成为末技。

由此看来，语文教师自己不但要读书，要有一个厚实的书底子，还要培养学生读书的兴致和习惯，帮助他们拥有读书的旨趣和眼光。这才是找到了语文学习的源头活水，也是学生的大幸。我们称学堂里做的功夫为“读书”，而眼下倒可以称之为“读题”。

归去来兮，田园将芜胡不归？

一块旧匾，曾经僵硬地挂在头上

1999年的下半年里，我接到一个任务：将1990年版的《全日制中学语文教学大纲（修订本）》和1996年印发的《全日制普通高级中学语文教学大纲（供试验用）》进行比较分析。现在我们已经习惯于“课程标准”的说法了，“大纲”这一说法渐渐淡去。

近日检视一堆旧书，偶见14年前参与编写的《高中语文教学大纲及教材概述》（东北师范大学出版社2000年1月出版）一书，一些过去的说法随着新课程的实施似乎都一时湮没无闻了。揣想过去人们的研究结果，虽然思想和表述上脱不尽老套的特点，但还都平实，像母亲做的一双老式布鞋，模样不是最美观，穿在脚上却暖和、实用。因此，敝帚自珍，附在这里。也以此自照，看一看一块旧匾曾经多么僵硬地挂在头上。

六项教学原则写进了新大纲（指1996年印发的试验本）。它是源于实践又被用来指导实践的基本准则，这六项原则是总结了我国语文教学的经验而凝结成的规律性的东西。认真落实教学原则是搞好语文教学、提高教学效率、贯彻教学大纲的必要途径。拟分条分析如下：

一、语文训练和思想道德教育统一的原则

语文教育的思想性是毋庸置疑的。我们的教育先要明确为什么的问题，一定社会的生产力发展水平和社会意识形态，决定着教育的价值取向。多年来的语文教学实践，已使我们达成共识。

那么，怎样才能落实好这一原则呢？

首先，要扭转语文训练和思想道德教育相矛盾的错误认识。过去，我们是走得太“左”了，看不到丰富多彩的语言，淡化了语文本身的魅力，一味地枯燥地抽筋扒骨，很有一种从丰富的矿藏中找出金子的架势。那种做法是失败的，以致将语文中五彩缤纷的知识世界与一个空洞的思想对立起来。我们今天谈语文训练和思想道德教育的统一是将二者视为不可分割的整体，思想道德是灵魂，是统帅；语文训练是手段，是过程。只有二者的完美融合，才能培育出语文园地绚烂的花朵。

其次，要注意语文自身的学科特点。语言文字不是孤立存在的，思想教育在语文教学中也不可能孤立存在。语文训练中油是油、水是水的训练不可能达到预期的目的。

语文不是政治，它不以直接的宣传与灌输来实现思想道德教育。语文学科中大量的感性知识本身会带给学习者潜移默化的影响，起到一种“润物细无声”的作用。它的作用更多的是“感化”心灵，提高学生认识、辨别事物的水平。思想道德不是从外部强塞给语文的，而是语文自身具有的一部分。教学者只有通过语文训练本身去挖掘、去体会，将其融合到语文能力培养之中，才能引导学生在学习语文的过程中提高思想认识、道德修养和审美情趣；在加深对语言文字的领悟，培养语文能力的同时领会思想内容。

二、语言训练和思维训练相辅相成的原则

我们知道，语言是人类社会最重要的交际工具，这也是我们确立语文的性质是“交际工具”的依据。但同时，语文又是人类思维的最重要的表现形式。离开语言，人类思维的绝大部分将永沉于暗淡的海洋中，无法捕捉。长期以来，我们在语言训练的同时不曾有意识地进行思维训练，这是语文教学中的一大病症。当代语言科学和思维科学的发展证明，学生思维能力的强弱、思维品质的好坏和思维方式的正确与否，不仅影响学生心理素质的良莠，还直接影响到学生学习质量的高下。因此，语文教学必须正确认识思维训练的重要意义。

如何摆正语言训练和思维训练的关系呢？

二者是相辅相成、密不可分的。离开了思维，语言就只是一些散乱的符号和音节；离开了语言，思维也就无从明晰与规范，人类也就不具有思想交流的现实可能性。

语言训练和思维训练相结合，就是要在语言训练的过程中重视思维方法的学习、思维品质的培养和思维能力的发展；思维训练要贯穿在语言训练中，促进语言能力的提高。思维作为人类特有的一种精神活动，它是在表象、概念的基础上进行的分析、综合、判断、推理等认识活动的过程。培养学生的比较、选择、分析、归纳、演绎等思维方法，有助于提高他们思维品质的广阔性、深刻性、批判性、灵活性和创造性。

语言和思维虽是不可分割地扭结在一起，但二者还是有分别的。概括说来，有先后、快慢、表里的差异。思维总是先于语言和快于语言的，人们在选择语言时有一个思维外化的过程。教学者应引导学生养成好的思维习惯和表达方式，不能满足于简单的语言表达而忽略了思维的培养。事实上，当人们不运用语言时，思维也在飞快地进行着，很多好的想法，可能因为一时的语言障碍而不被人了解。我们要引导学生勇于思考，善于思考，有一个明晰、具体的逻辑思维；要善于将学生的思路引导到正确的轨道上来，而不能以我们的思路来替代学生的，以致造成学生的思维惰性。

在思维训练方面，有很大的潜力和远大的前景，教师充分注意这一点，将会更加有效地实施语文教学，将其不断深化下去。

三、语文训练中知识教学和能力训练密切结合的原则

任何一门学科的能力都是通过对该学科相关知识的训练而形成的。语文知识是一个由许多零散的知识构成的一个庞大的体系，这其中既有只靠记忆就能掌握的知识，又包含大量的有一定规律性的知识。适合语文知识的特点，就要在知识教学中着眼于提高语文能力，做到精要、好懂、有用。精要才能简明高效。语文知识的教学要克服盲目性，要照顾到学科的宏观体系，切实注重实效，删除枝蔓，不做没有必要的铺张。这样，才能给学生一个较为清晰的认识，避免“搅成一团粥”。很多学生感到学习语文如老虎吞天，不知从哪下口，这往往是教学中知识不精要、鱼目混珠的结果。好懂，即教学时深入浅出。语文中没有什么高深的大“道”，联系实际生活，调动起学生的生活经验，许多貌似高深的问题都可以迎刃而解。要将学生引导到语文知识的殿堂中去，就要培养他们对此学科的兴趣，如果教的知识晦涩或一知半解，就会先将学生吓住，把他们拒之于门外。语文知识的教学，应该是让学生感到自然、亲切，以期水到渠成。有用，即学以致用。不能将知识束之高阁，要适时地引导学生在课外运用课内所学的知识，从而加深对知识的理解。

语文能力，有许多是无法具体量化的，语文的能力训练要想见实效，就要在训练中注意运用语文知识，做到务实、得法、有效。练非所学，既不利于知识教学，又容易引起学生对知识的忽视。语文能力必须是语文知识的迁移和扩充。务实，既要注意到学生语文知识的实际积累，又要结合学生思维发展的实际，通过能力训练，能够准确而富有创造性地运用语文知识。得法，即讲求方法。这“法”来源于对语文知识系统和学生心理特点的正确认识。对于不同的知识，要达到不同的等级要求，能力训练的方法也会有所差异。不同的学生，能力素质也有差异，这就要求教者在选择训练方法时事先予以考虑。有效，即注重实效。检验是否有实效，一看语文知识能否迁移成能力，落实到实际应用中；二看这一能力是否在学生的实际生活中产生效益。能力的有效，是和知识的有用分不开的。一般说，检验能力的过程，由预期目标、检测手段和目标达成几个方面构成。在确立预期目标时，要务实，选择检测手段时，要得法，这样才能使目标达成作为能力形成的客观衡量依据。

四、阅读能力、写作能力和听说能力全面训练的原则

阅读能力、写作能力和听说能力各有自己的特点。阅读能力是以读懂为前提的，它更多的是理解力的综合。从表层看，是对文字的理解，对文体的认识与区分；从深层看，是对文字表现力的综合感知和对文章思想内蕴的深入剖析。写作能力更多的是体现在实际的运用方面。如果说阅读本身是综合了各种知识去诠释别人的文章，写作则是综合了各种知识来释放自己的心灵。写作能力是最具个性化的。在培养写作能力时，要更多地激发学生内在潜能，不能抹杀个性，要重视学生认识力的提高和对现实生活的关怀。由于语文学科测试侧重的不同，听说能力较少受到重视，实际上作为“交际工具”，训练学生的听说能力必须提到正式日程上来。这项能力是实用价值最大又是最有潜力的。听说能力一般是在初级年段训练得更多，而在高中探讨听说能力，应是更高层次的事，它将决定一个人立足于社会，处在交际的旋涡中，如何及时做出反应，选择恰当的应对方式。

这三者是协调进行，共同提高的。阅读能力本身就是一种“听”的能力，将自己揣摩之后的判断与想法表达出来，就是写或说；写作能力的“营养”又多来自阅读，自身写作能力提高了，更利于理解别人的文章；听与说实际上是用“耳”来阅读，用“口”来写作。它们之间的关系还不只如此简单，它们共同构成了综合的语文能力，在一个人的语文修养中互相依存，互相促进。

五、教师的主导性和学生的主动性相结合的原则

教师在语文学习中的主导性是毋庸置疑的，教师的主导性发挥得如何，很大程度上决定着学生语文知识的掌握和语文能力的形成。教师的主导作用体现在指导学生的语文学习，激发学生的学习主动性，使学生自觉学习语文，在各种语文实践活动中提高自学能力。

教师是语文教学过程的策划者、组织者和领导者，在教与学的过程中起重要作用。但要注意的是，教师不是万能的，不能以教师代替学生，包办一切。近年来，强调学生主体性教育的呼声日高，实际上就是强调发挥学生的主动性、积极性，充分体现学生在学习过程中的主体作用。

建立以教师为主导，以学生为主体的语文教育机制，需要语文教师摆脱旧的教育思想的影响，树立新型的师生观念。

要正确评估学生的能动性、主动性和创造性。教师是人类精神的导师，其作用体现在将学生的精神引导到更高的境界，而每一个学生都是一个具体的“人”—— 一个自觉能动的，具有独立人格和创造精神的人。人们将教师比作园丁，园丁的工作在于使园中的植物自由成长，并在这个过程中加以修剪。教师的工作亦然。这就要充分相信学生，引导学生的聪明才智，使他们走上正确的轨道。

古人谈教学相长，这也是发挥学生主动性的重要途径。只有师生间建立起民主平等的关系，才能创造出和谐、合作的教学氛围，教与学互补，对师生双方才智的发挥都极有意义。这要求教师放下“师道尊严”的架子，因为在知识面前，人人都是平等的。

一个学生拥有多少语文知识，有怎样的能力，是以他自身掌握多少而定的，并不以我们传授给他多少为衡量尺度。学生主动性发挥得好，无异于为语文课开辟了更多的课堂，会起到事半功倍的效果。在这方面，前辈有许多成功的经验，不妨借鉴过来，完善自己的语文教育观和教学手段。

六、语文课内教学和课外学习相结合的原则

贯彻这一原则，要认真地进行课内教学，鼓励学生把课内学习所得运用于课外，积极指导课外学习，发展学生的特长，使课内教学和课外学习相互作用，提高教学质量。

课内教学和课外学习的关系如何呢？长期的实践告诉我们：课内教学是课外学习的基础，并对课外学习起指导作用；课外学习是课内教学的延续和发展，反过来丰富课内教学的内容和方式。从语文知识和能力的关系看，大部分能力的培养是课外学习的结果，课外学习为学生提供了更多的实践环境。

要做到二者的结合，首先要努力提高课内的教学质量。只有把课内教学搞好，达到预定的目标要求，才能给学生课外学习留下更大的空间。教者要做到目标集中、适度、有层次；

要精心设计，勇于实践，设计出符合教学规律的教学过程；要当堂检验教学效果，及时反馈、矫正、补救。如果课堂关把不好，将大量的教学任务挤到课外，就无从谈及课外学习。

其次，课外学习是否有成效，关键在于发挥学生的能动性、自主性和创造性。

最后，课外学习中教师起什么作用呢？作为教师，要有计划、有针对性地指导课外学习。课外学习作为课内教学的延续和发展，它是语文学习更为广阔的天地。要激发学生的兴趣，开发学生的潜能，结合丰富多彩的语文实践，拓展他们的视野，增强他们语文学习的成就感和自信心。

课内外学习结合得好，也就给语文找到了一个更大的课堂，也是真正的课堂。

贯彻以上六项语文教学原则要明确以下内容：语文教学原则是一个整体，是结合在一起的；语文教学原则不是死的教条，要灵活运用；语文教学原则是经验的总结，运用者要有创造力，不断完善和探索。

鲁迅先生曾说过一个笑话：两个近视眼比眼力，去关帝庙看新挂出的匾上是什么字，两人争论不休。路人却道："那匾还没有挂出。"的确，没有"匾"的争论是可笑的。而现实中，还有另一种事实：不断地挂出"匾"来。其实教学是一件很有规律的事，借鉴新知也好，光复旧物也罢，要出实绩，还得按部就班地做下去。

同学生一起成长

有一盏灯，待我们点燃

刚进入选修课的学习，学生对于古典诗歌的种种表现手法，在辨识上还需要指导。我拿一些作品和题目进行了一点认识规律和鉴赏方法的梳理，随即留了一道作业题。题目是这样的：

阅读下面一首唐诗，然后回答问题。

春宫怨

杜荀鹤

早被婵娟误，欲妆临镜慵。
承恩不在貌，教妾若为容？
风暖鸟声碎，日高花影重。
年年越溪女，相忆采芙蓉。

这首诗的第五、六句为人称道，试作简要赏析。

课上检查前一天的作业，我点名叫了后排的一个男生。他的回答是："没做出来，我觉得这两句跟诗没什么关系。"

听了真是恼火，通常我会数落几句，让其端正态度，这样做也不是没有必要。我在前一天的课上明明讲解了有关常识，看看笔记也是可以有个思路的。学生就算生硬地蒙一个答案，也不失为一种态度。

我沉吟了一下，没让他坐下。以下是我们的对话。

师：那我来帮你一下，我们一起来看看这首诗。你看，这首诗是表达什么感情的？

生：怨。

师：对，题目就告诉我们了。为什么"怨"？

生：长得漂亮不被赏识。

师：对，看前四句。虽然貌美，但对着镜子懒得打扮。因为受皇帝赏识并不在容貌，貌美不被恩宠，所以生怨。"风暖鸟声碎，日高花影重。"两句你是怎么理解的？

生：风很温暖，有鸟声，花很多。

师：对。春风和煦，鸟儿呢喃，太阳高照，花开繁盛。这是一种美好的、令人愉快的景象。诗人抒发愁怨之情，为什么写愉悦之景呢？

生：……

师：我们假设某一次你没有考好会是什么心情？

生：闹心。

师：对，考不好心情会不好。如果这时你周围的同学都欢声笑语，你心情会怎样？

生：更闹心。

师：你心情黯淡，别人却在欢笑，那么你就会心情更糟。这是——

生：反衬。

师：对。《春宫怨》的第五、六句写乐景，就是在反衬宫女的怨情。这是——

众生：以乐景衬哀情。

师：对！你明白了吗？

生：明白了。

师：坐吧。其实我刚开始非常想训斥你一顿，后来我改变了主意，你还是个孩子啊！

学生们笑了。那个学生有一点不好意思。接下来的课他听得很认真，做题也很积极。我们在轻松的氛围中完成了一节课的学习。

其实，从我的角度来看有在课堂上发几句议论的理由。课上有辅导，作业只有一道题目。所以回到办公室讲起这一件事，我还很得意，觉得在这一情境中表现了我的教学智慧。

在动笔记录这个课堂插曲时，我又反思了这件事。其实，有什么值得得意的呢？学生不理解，教师做引导，学与教，原本不就应该如此吗？现在剩下的倒是后怕，如果一时粗鲁，就不会有今天的庆幸了。

由"阶梯式设问"的话题想到的

"阶梯式设问"是一个同行提出的话题。我对这个话题没有什么了解，姑且依照字面，临时赋予它一点含义："设问"，指课堂上教师向学生提出的问题；"阶梯"，指为解决一个问题而考虑的途径。讨论仅限于语文课堂教学方面。此外，我想谈谈"阶梯式设问"可能蕴含的教学理念。

一、阶梯式设问的必要性以及联系生活铺设理解文本的垫脚石

如果我们意识到一个问题的提出和解决之间有一个思维跨度这样的事实，我们就有理由

重视起由此及彼的各个中间环节。在这里，我们可以举一个例子：一条清浅的小溪，如果宽度合适，可以一跃而过；要是再宽些，可以踩着抛掷在其中的石头过去；渡过一条更宽更深的河，我们要借助桥梁或渡船；当然，我们也可以是游水的好手，劈波而过。虽然渡河的方式像河流呈现出的姿态一样多，但这远不能跟解决问题的方式和问题本身的丰富程度相比。

是领着学生或推着学生渡过一条河好呢？还是帮助他们找到一个可行的渡河方法好呢？如果我们遵循认识的一般规律，帮助学生找到解决问题的正确途径，就可以引导学生做出合乎逻辑的思考，得出正确或接近正确的结论。从感知的层面来说，我们在课堂教学中更主张帮助学生结合其熟悉的生活，使其产生阅读的“同情心”，达到渐悟。

以高中生熟知的《荷塘月色》为例。很多教师都问及朱自清先生“颇不宁静”的原因，但那答案又常常是未必使人信服的。有一种长期流行的观点，是从文末所署的日期和作者同时期的两篇文章中推测出来的，认为是忧心于国民党对于异己者的屠杀；也有人本着知人论世的古训，联系到朱先生家境窘迫，子女众多等情况，断言其为生活压力使然。作为一种探讨，似乎都有一定的道理，但仔细辨析又嫌武断。文学是艺术，源于生活，又不能与生活一一对号入座。讲解本文，“颇不宁静”的原因或许并不是一定要探讨的，而“颇不宁静”背景下寻找的解脱方式以及对古典诗意美的向往与惋叹倒是很耐人寻味的。朱自清先生的文笔风华也恰在这种追寻与惋叹中显露出来。

沿着这样的思路，在品味本文的思想情感时，不妨设计一系列的问题。——当然，由学生提出问题会更合乎时下教学的拍节。

1. 在生活中，大家有过心里十分纠结、烦乱的体验吗？

2. “心里十分纠结、烦乱”，用比较文雅的词来说就是“心里颇不宁静”。大家在“心里颇不宁静”的时候，都用什么方式来使自己解脱呢？

3. 朱自清先生面对“颇不宁静”的心情是怎么做的？

4. 你认为朱自清先生使自己暂得片刻宁静的方式可取吗？

……

第一个问题，旨在调动学生的生活经验，搭起与文本对话的桥。这样的问题，学生应该是有话可说的，也便于在接下来的赏读中“将心比心”，是走进文本的前奏。

第二、三两个问题，旨在帮助学生在“自己”与“他人”的差异中，走进作者的心灵世界。

第三个问题可以串联起整篇文章，是赏析的重点。由此又可以牵出更多的讨论话题。

第四个问题是时髦的所谓的“探究”题了。这个题目旨在引导学生通过探究和辨析，深入认识一个在时代与生活旋涡中的现代知识分子的内心世界。

……

这一例也不过想说明解读文本要由浅入深的道理。凡是超离学生认识实际的横空出世式的问题，常常会让学生一头雾水，而循着学生认知的小径，有可能把他们带到一条较宽的路上来。

二、关注学生的“已知”是引领其探求“未知”的重要途径

认识呈“螺旋式上升”的态势，这个道理在数学等学科中体现得更加明显。语文学习也是这样，但语文的特殊性使得学习中的个体差异变得更加复杂。通常我们在语文教学中远不如数学教学那样更关注学生已知的程度。这一点是有害的。数学的已知情况不了然，结果是做不好题。语文的已知情况不了然，就可能玄虚起来。似懂非懂，模棱两可，囫囵吞枣，小孩子要成人腔，人云亦云，心口不一等等不良的风气就会泛滥起来。

目力所及一些令人担忧的现象，撷取两例：

其一是中考的作文命题。一些省份的中考命题里，出现了高考命题的模式。

一般说来，初中较重感性，高中较重思辨。当下多数的初中生，能将事情说清楚，有完整的叙事、生动的表达，能体现叙事的整体感、层次性，就比较客观。引导他们去滔滔宏论还为时尚早。

因为我是教高中的，常有准备中考的学生问及议论文的写法。看这些人的作文，我也总是感慨于他们的力不能胜。发育并不成熟的肩膀撑一件大人的衣服，看上去很不协调。我并不否认有早熟、早慧这回事，但早熟、早慧就意味着只是少数。

高考的作文命题，是给一个话题，或给一则材料，通常会启迪学生思辨。这也是高考中常见议论文的原因。而生活在今天的中国的初中生，我想，还是不急于让他们半生不熟地去表态，还是老老实实地做好基本的文字功夫吧。

其二是一种流行的习题书。在最初的学习中就“链接”着许多高考的真题和模拟题。

这于许多以应对考试为目的的教学大概是很相宜的。但学生接触生动鲜活的语言材料的机会远少于刻板的题目，那后果会怎样？旧课程也好，新课程也好，总有急于功利地将具体

的学习时间压缩而加长高三总复习时间的现象。这于某些学生或许无害，而于循序渐进的先训就离着十万八千里了。我们引入许多境外的理论，却于往圣先贤那几条朴素而合乎自然的意见置若罔闻。

这些都是忽视“已知”而粗暴地期求学生习得“未知”的做法。学生学习语文的兴趣正是被这些脱离个体发展实际的教学和面目可憎的考题磨蚀殆尽。

我在自己的教学经历中对这一点有深切的感受。工作最初的六年，我经历了从初一到高三的教学。在高一的教学中，因为我十分清楚学生此前学了什么，达到什么程度，在教学中总能以他们熟悉的知识为起点，指导他们学习高中课程，每举一例，总能引起共鸣，学生接受起来很自然、轻松。后来我一直在高中教学，初中的教材也经过了几次改换，到现在，再举例论理，因为其中有学生不熟悉的，就会出现思考、思维的某些障碍。例如，我满以为学生都知道的一个知识点，说出来，他们却是一头雾水，这在初中“淡化”（其实不是“淡”化，而是因为“不考”，常常变成了没有）语法的情况下，分析起病句、复句一类的题目时，更为明显。

我们常常有意无意地做着揠苗助长的事。嫌小学生幼稚，就鼓励那些写出“早熟”文字的学生；觉得初中生长大了，就忽视了叙事、说明的训练，而助长了半生不熟、半假不真、似是而非的议论强调；到了高中，又任由“文采”和“空言”的泛滥。我们培养出许多什么话都会说，但就不会说真话、说自己的话的学生。

其实一个人的成长是很慢的，人类的童年期相比其他动物，真是长了许多，但聪明又急不可待的人们，人为地压缩这个应有的时期，后果会怎样呢？“其进锐者其退速”，如果是这样，就得不偿失了。

好的母亲，最关切的是孩子的衣食冷暖，身心健康；好的园丁，最关切的是花木的土壤、水分、阳光。使之成功，大多是做好最基础的工作。小时候，家中的妹妹够不到炕铺，大人就在床边的地上固定一个“丁”字形搭脚木。其实小孩子有向上的愿望，也具备相应的能力，只是在某一个时刻，需要一个搭脚木。

三、“阶梯式设问”可能蕴含的教学理念

我真不是一个思维缜密、会使用概念的人。借用了这样一种说法，倒限制了自己的思绪，

硬是拿粗面饼子当细粮了。这足见实际的摸爬与理论的提炼之间的距离。我们有许多人是实践的行家，却不是理论的旗手，也有许多人高扯理论的帆，却不大注意船的感受。

前两部分半通不通的絮叨里，是不是能给我们的语文教学——当然也可以是全部的教学一些启示？

第一，教学要尊重人的成长的常识，循序渐进。

第二，学习新的要从旧有中找依托，温故知新。

哈哈，先贤都说过了，做过了。我们没有实践，只有怪自己的记性不好。

删繁就简三秋树

——例谈笺注式教读古诗文

内容决定形式。笺注式教读古典诗歌，不失为一种简约而有效的途径。这里我们把笺注的范围扩大些，不必拘泥于传统的格局。先来看一个例子：

群山万壑赴荆门，生长明妃尚有村。一去紫台连朔漠，独留青冢向黄昏。

（山水钟灵，生此尤物。生归异域。死葬胡沙。）

画图省识春风面，环佩空归月夜魂。千载琵琶作胡语，分明怨恨曲中论。

（肖与否，未可知。 归与否，未可必。 惟琵琶一曲，千载流传，得悉其怨恨耳。）

这是《唐诗三百首》（中华书局，1984 年 7 月第 1 版）上的一个例子。书中多是这样的格式，解读提纲挈领，要言不烦。这本二百多页的小书，我从高中开始读，工作后也时常会拿出来翻阅。比起鉴赏辞典一类的大部头，我以为，这是简洁而不失丰厚的一本书。

我们在古典诗歌的普及上确实做了许多叠床架屋的事，嚼得稀烂的赏析、诗意全无的翻译到处都是。众里寻他千百度，蓦然回首，却不知诗在哪里。

在古典诗歌的具体教读中，我们可以借鉴笺注这种形式，或注释词句，或阐明要旨，或感悟生发，对作品进行由浅入深的解读。有这样一个倾向，越是往后的时代，对古诗的注解越是详细。看今天的一些注解，差不多是全文翻译了。我个人以为，古诗词的注解，必要即可，力求简洁，不期过细。这里举几个实例。

一、注解式笺注

读懂词句是解读诗词的基础性工作。阅读古诗词，解词、释典、交代背景都是必要的。教科书的书下注解就属于这一类。阅读古诗词，还可以根据自己的需要，查阅工具书，给一些词句作注。

例 1　杜甫《秋兴八首》(其一)

玉露凋伤枫树林，巫山巫峡气萧森。江间波浪兼天涌，塞上风云接地阴。

丛菊两开他日泪，孤舟一系故园心。寒衣处处催刀尺，白帝城高急暮砧。

笺注：秋兴，因秋而发兴，如同说秋日感怀。

二、征引式笺注

这种方法是通过旁征博引，增强对诗歌词句和意蕴的理解。这需要广泛的阅读面和辨识力，古人在此方面下功夫很多。

到了高年级，学生积累了一定量的古诗词，我们可以尝试用这个方法，联系所学的知识，借以印证，以期触类旁通。

例 2　周紫芝《临江仙·送光州曾使君》

记得武陵相见日，六年往事堪惊。回头双鬓已星星。谁知江上酒，还与故人倾。

铁马红旗①寒日暮，使君犹寄边城。只愁飞诏下青冥②。不应霜塞晚，横槊③看诗成。

笺注：①铁马红旗，指战马和战旗，言置身边城。陆游《书愤》中有“铁马秋风大散关”一句；岑参《白雪歌送武判官归京》中有“风掣红旗冻不翻”一句。②青冥，即天空，这里指朝廷。李白《梦游天姥吟留别》中有“青冥浩荡不见底”一句。③横槊，苏轼《赤壁赋》中有“酾酒临江，横槊赋诗”一句。

三、赏析式笺注

这种方法可以总结规律，帮助学生提高古诗词的鉴赏力。阅读古典诗词，需要我们熟悉古人表情达意的方式，对诗词的内蕴和表现手段有一个清晰的认识。

例 3　晏几道《思远人》

红叶黄花秋意晚，千里念行客。飞云过尽，归鸿无信，何处寄书得。

泪弹不尽临窗滴，就砚旋研墨。渐写到别来，此情深处，红笺为无色。

诗意指要：古典诗歌的文化积淀是丰厚的。以这首《思远人》为例，我们拈几个词品味一下。像“秋意晚”“念行客”这样的词是极普通的，但略一深想，意味就很浓厚了。“秋意晚”时，红叶黄花自然凋残了，天凉起来，自然更加思念远行之人了。而远行之人，或为劳役，或为征戍，或为商旅，或为迁客，就算有美好的前程，毕竟阻隔千里，不由得使人牵念。而身为“行客”，会更添奔波与劳碌吧。

大约正是这样，才有思念的苦情，临窗不见旧影而泪抛不尽，就泪研磨，道叙相思意，心到痛时，笺纸为泪水打湿，淡去了红色。

此外，“飞云”“归鸿”这样的词，我们阅读时要注意。

例 4　吴兆骞《帐夜》

穹帐连山落月斜，梦回孤客尚天涯。雁飞白草年年雪，人老黄榆夜夜笳。

驿路几通南国使，风云不断北庭沙。春衣少妇空相寄，五月边城未著花。

句法指要：这首诗是诗人因科场案流放宁古塔（今黑龙江省宁安）后第三年所作。古典诗歌出于平仄或押韵等需要，常会出现倒装现象。如苏轼《赤壁怀古》中的“故国神游，多情应笑我，早生华发”；辛弃疾《京口北固亭怀古》中的“千古江山，英雄无觅孙仲谋处”等句。这首诗中的“春衣少妇空相寄”，即少妇空（白白地）寄春衣。边城五月，花还不曾开，气候寒凉，还无法换去冬装。

古典诗歌中这种倒装的情况较常见，但现代语言中就较少遇到，因为这样可能会成为阅读的障碍，所以有必要特别指出。

例 5　周朴《春日秦国怀古》

荒郊一望欲消魂，泾水萦纡傍远村。牛马放多春草尽，原田耕破古碑存。

云和积雪苍山晚，烟伴残阳绿树昏。数里黄沙行客路，不堪回首思秦原。

手法指要：古典诗歌中，抒情的篇目最多。情感的抒发是有门径可寻的，其中景和情更是一表一里，形影相随。像这首题目是《春日秦国怀古》的诗，已点明季节、地点、事件，“怀古”（情）自然由春日秦国（景）而来。这种触景生情的情况，正是诗歌中常见的。牛马啮尽了春草，犁铧毁损了古碑，残阳已昏，古道黄沙，这是哀愁之景，催生哀戚之情，属于写哀景抒哀情。除了“消魂”（销魂）一词点出感情之外，有些复杂的感情诗人并不全然道破，像“原田耕破古碑存”一句，今昔对照中令人产生昔盛今衰之叹，“烟伴残阳绿树昏”一句，诗人内心的黯然是流露在景物描写中的，这种情况可称作寓情于景。

我们还可以说诗人是借春日秦国之景，抒发怀古之伤情，也可以说整首诗情景交融。总之，古诗中情和景的关系基本就是这几种。

四、阐发式笺注

这种方法旨在于阅读中有心得，提升思想和人生境界。对阅读的作品能做出恰当的评价，是提升阅读品味，增益鉴赏和辨别力的良好途径。

例6　杜甫《客从》

客从南溟来，遗我泉客珠。珠中有隐字，欲辨不成书。

缄之箧笥久，以俟公家须。开视化为血，哀今征敛无。

诗旨探微：客自南溟，赠泉客之珠，言其由泪化成；珠有隐字，不能辨识，是知之而不明言。劳动者的血汗全部流尽，也无法应对征敛，足见征敛之酷。诗题取首句前两字，类似无题，虽不言题，但讥刺政治，痛砭赋敛苛重，同情百姓命运之旨不言自明了。

五、综合式笺注

综合式笺注即综合多种角度的笺注。

例7　王羲之《兰亭集序》（节选）

（时）　（地）　（事）

永和九年，岁在癸丑，暮春之初，会于会稽山阴之兰亭，修禊事也。群贤毕至，

（人物）　（山水）

少长咸集。此地有崇山峻岭，茂林修竹，又有清流激湍，映带左右，

（诗酒风流）　（清雅脱俗）

引以为流觞曲水，列坐其次。虽无丝竹管弦之盛，一觞一咏，亦足以畅叙幽情。

寥寥几笔，宴集盛况备矣。简约凝练，平直的叙述中显文采。此类功夫正如脉脉清流，无须华饰，自然流畅，足见书圣素日胸襟。

（道尽春光之美）（道尽人间之乐）

是日也，天朗气清，惠风和畅。仰观宇宙之大，俯察品类之盛，所以游目骋怀，

（物极必反）

足以极视听之娱，信可乐也。

承上文，由人事到自然、宇宙。不言种种细碎，直写宴集之效果——极尽快乐。

上述几个例子旨在说明古诗文阅读化繁为简的道理。我们实在没有必要在伟大的文字面前捡拾“面包屑”，更不能抖得一地鸡毛。对古诗文整体的观照，更能理出古人文思之妙，遣词之精，从而获得整体的艺术美感与艺术熏陶。

整体感知与文本细读

——以朱自清的散文《荷塘月色》为例

我给三位跟我实习的研究生留了一个作业：写一篇《荷塘月色》的教学设计。同时提了一个要求：先不要参考任何资料。

十天后，三位实习生的教学设计交上来了。问及备课中遇到的最大问题，得到的答案如下：

其一，能逐段地阅读、理解，但缺少对全文整体结构的把握。

其二，细节上不好把握，深入讲解不知怎样处理。

其三，想详细解析，苦于找不到解析的点，赏析时对个别句子拓展不开。

三位实习生的困惑涉及备课时两大方面的问题，一是整体感知，二是文本细读。这引起了我的兴趣，于是有以下的思考。

一、整体感知与文本细读的关系

我想用看一座雕像来打个比方，说一说阅读时整体感知与文本细读之间的关系。

设想一座雕像进入我们眼中的情景吧。进入眼中的先是形象，由这个形象进而去体悟这个雕像的主题。做进一步的欣赏时，我们会注意到雕像的细节，揣摩这些细节的刻画对于突

出形象和表达主题的作用。

对一篇文章的欣赏，是不是跟上述的过程有相似之处呢？

想一想我们的阅读经验吧，如果不是为了讲一节课或完成一道阅读题而去读一篇文章，那么我们通常的阅读过程是怎样的呢？通常我们对感兴趣的文章倾向于将其很快地读完，进入头脑的是一个故事、一个场景、一处景物等等，我们可以称之为“形象”。在这个过程中，我们领略到作家的情感，也同时思考作品的主题。如果我们是一个匆忙的或粗心的读者，也就到此为止了。如果愿意进一步欣赏或出于某种原因需要深入探究，那么我们就会在整篇文章中特别地关注到某些局部，借以体会形象之美，文辞之妙，结构之巧，主旨之深等等。

这正是从整体感知到文本细读的过程。这种感知也是文本细读的基础。我们经常批评的一个认识误区是“只见树木，不见森林”。在欣赏一篇文章时，也同样要避免走进这样的认识误区。“见森林”，正是整体感知的表现；“见树木”，却是文本细读的必须。没有整体感知，不能提纲挈领；没有文本细读，不能深入品味。

二、整体感知例说

整体感知宜化繁为简。我们可以用一句话概括一首诗，一篇文，乃至一部长篇小说，那么这句话就是对作品的一个整体感知。读了一部作品，如果能说清楚它写了什么，为什么写，就算是初步做到整体感知了。至于怎么写的，为什么那么写，可以留待细读时去探讨。

如果让我用简洁的语言，向没有读过《荷塘月色》的人介绍一下这篇散文，我的介绍会更像一个题解：《荷塘月色》是朱自清 1927 年夏天写于清华园的一篇散文，写的是在一个满月的夜晚独自漫步荷塘的事，其中描写荷塘景色的部分，文笔工细，常被作为散文中景物描写的范例。这就是我对《荷塘月色》的整体感知。

在语文课上，有一种常见的模式是将整体感知具体为对篇章结构的整体把握。方法是依据各自然段内容之间的联系，将一篇文章分成几个部分。如《荷塘月色》，全文共 8 个自然段，各段的段意如下：

第 1 段，交代游荷塘的时间、地点和缘由。

第 2 段，写通往荷塘的小路、树木和月色。

第 3 段，写去往荷塘路上的感受。

第 4 段，描写月下荷塘。

第 5 段，描写塘上月色。

第 6 段，描写荷塘四周的景物。

第 7 段，联想江南采莲旧俗。

第 8 段，回到家门。

这样分析之后，再将全文划分为几个部分，概括出每个部分的意思。如果再配以设计精巧的板书，就更见完美了。因为大家的标尺未必一样，在一篇文章分几部分合适的问题上，就容易产生歧义，为此还可能争得面红耳赤。

这种“整体感知”的套路过去和现在都较常见。优点是便于把握一篇文章的脉络，弊病是为了整体感知而做的工作在有意无意地破坏着整体感知。

关于一篇文章的分段，不屑于下细致功夫的先生曾留下真言：“掐头去尾留中间。”这倒也不失为一个方便的办法。古人作诗文讲求起承转合，也很值得参考。像《荷塘月色》，用前一种方法就可以分为开头（第 1 段）、中间（第 2—7 段）、结尾（第 8 段）三个部分；用后一种分法，可以将写当前景（第 2—6 段）与想旧时俗（第 7 段）间再分出一层。我们见到的分法还要多些，到头来莫衷一是的情况也不鲜见。

这种整体感知法是不是可以改进一下呢？如果不做这样整饬的规划，一个读者就不能整体感知到什么吗？我还没见到在公开课上这样整体感知《荷塘月色》的，可能是教者觉得这样讲不会“出彩”。但教学参考资料和一大堆“学案”的梳理中到处充斥着段意、层意的面目，是不是或多或少地影响到教者和学者呢？三位实习生中的一位提出“能逐段地阅读、理解，但缺少对全文整体结构的把握”，是不是还在追求“结构”而忽略了“感知”呢？可能正是逐段地阅读、理解，影响了整体感知。

当我们读书读得兴致高昂的时候，真个是囫囵吞下，谁去管它什么段落大意！看来段落大意的感知法是有违阅读心理常识的。

三、文本细读例说

文本细读近于鉴赏，包括语言的独特、结构的匠心、情感的细腻等等。我们可以就一篇中特色鲜明的一两点进行文本细读，不必面面俱到。下面以《荷塘月色》为例，做一个细读的尝试。姑且避开常见的议论，探寻一下本文表意的含蓄之美。

关于《荷塘月色》的创作背景，有过一些探讨，随着文本解读的宽容度越来越大，人们也不一定要囿于成见。而每次听课见老师们介绍背景——当然多是围绕朱先生文末的“1927年7月，北京清华园”展开——就总会觉得那背景介绍与文章间有一点距离。我们深入到文字里便会发现，作者的表意是十分含蓄的，虽是散文，但秉承了儒家哀而不伤，温柔敦厚的诗风。

作者的心境，我们是可以约略了解的，有一些内容如下：

1. 这几天心里颇不宁静。

（这是直抒胸臆的句子，但不宁静为何，并没有说。）

2. 这一片天地好像是我的；我也像超出了平常的自己，到了另一世界里。我爱热闹，也爱冷静；爱群居，也爱独处。像今晚上，一个人在这苍茫的月下，什么都可以想，什么都可以不想，便觉是个自由的人。白天里一定要做的事，一定要说的话，现在都可不理。

（“平常的自己”与“到了另一世界里”的自己是不是意味着两种很不相同的境界？作者显然是厌弃前者，憧憬后者的。）

3. 这时候最热闹的，要数树上的蝉声与水里的蛙声；但热闹是它们的，我什么也没有。

（虽是流连于荷塘月色的美景，但仍摆不脱内心的寂寞。）

4. 这令我到底惦着江南了。

（一篇荷塘月色，难道不是一曲江南人的惆怅？）

我们已分明体会到作者心里不能宁静的程度，但究竟因为何事而“颇不宁静”，并不讲。文章第一段说：“月亮渐渐地升高了，墙外马路上孩子们的欢笑，已经听不见了；妻在屋里拍着闰儿，迷迷糊糊地哼着眠歌。我悄悄地披了大衫，带上门出去。”结尾又说：“——这样想着，猛一抬头，不觉已是自己的门前；轻轻地推门进去，什么声息也没有，妻已睡熟好久了。”读到这样的文字，我们可以揣想，大约朱夫人也未必知道先生的“不宁静”以及为什么“颇不宁静”，又或者先生并不想以自己的不宁静来搅扰了家人的心。

就像读到一首寻不到本事的诗一样，一篇《荷塘月色》也很难仅凭我们的所知来做背景去揣摩。也许熟悉朱自清的老友会从中品出他的心境与所指，但我们一般的读者，只有推测而已。也许时局的云谲波诡，在先生的心中投下暗影？也许世事的频繁变迁，给先生的心染上了感伤？也许是甚嚣尘上打破了学者那一份宁静？也许不习北地的水土，对江南怀着深沉的遥想？有太多的也许。

含蓄，它的美正在于没有明说。因为无法具体，也就给我们许多遐想的空间。但在描写中，那种能让人暂得宁静的意境是在的：

曲曲折折的荷塘上面，弥望的是田田的叶子。叶子出水很高，像亭亭的舞女的裙。层层的叶子中间，零星地点缀着些白花，有袅娜地开着的，有羞涩地打着朵儿的；正如一粒粒的明珠，又如碧天里的星星，又如刚出浴的美人。微风过处，送来缕缕清香，仿佛远处高楼上渺茫的歌声似的。这时候叶子与花也有一丝的颤动，像闪电般，霎时传过荷塘的那边去了。叶子本是肩并肩密密地挨着，这便宛然有了一道凝碧的波痕。叶子底下是脉脉的流水，遮住了，不能见一些颜色；而叶子却更见风致了。

月光如流水一般，静静地泻在这一片叶子和花上。薄薄的青雾浮起在荷塘里。叶子和花仿佛在牛乳中洗过一样；又像笼着轻纱的梦。虽然是满月，天上却有一层淡淡的云，所以不能朗照；但我以为这恰是到了好处——酣眠固不可少，小睡也别有风味的。月光是隔了树照过来的，高处丛生的灌木，落下参差的斑驳的黑影，峭楞楞如鬼一般；弯弯的杨柳的稀疏的倩影，却又像是画在荷叶上。塘中的月色并不均匀；但光与影有着和谐的旋律，如梵婀玲上奏着的名曲。

荷塘的四面，远远近近，高高低低都是树，而杨柳最多。这些树将一片荷塘重重围住；只在小路一旁，漏着几段空隙，像是特为月光留下的。树色一例是阴阴的，乍看像一团烟雾；但杨柳的丰姿，便在烟雾里也辨得出。树梢上隐隐约约的是一带远山，只有些大意罢了。树缝里也漏着一两点路灯光，没精打采的，是渴睡人的眼。这时候最热闹的，要数树上的蝉声与水里的蛙声；但热闹是它们的，我什么也没有。

《荷塘月色》集中写眼前景，就是这几段。“荷”与“月”都呈阴柔之美，也是古典含蓄美的典型载体。这荷塘，正是喧嚷中的一方静；这月光，正是黑夜里的一盏明灯。由此可见古典美的氤氲。而这，无论时事，还是地域，都不能再安心享受了。这或许是“颇不宁静”的最深层的原因吧！

循着这个思路，我们就较容易理解朱先生笔下女性化的意象，那是一种古老的、民族的意象，那里面藏着古典美的残迹，只是在时事的洗礼中淡去了芳颜，留给人的只有惋叹了。

课程实施的根本在循纲守序

“课程标准”应尊重教学实际

——《普通高中语文课程标准》学习札记

缘　起

有为数不少的语文教师，他们做题的热情大于研读“考纲”，研读“考纲”的热情大于研读“课标”。这种本末倒置的做法，对教学和考试复习是不利的。想想自己走过的语文教学之路，很多时候也是弃置了根本而周旋于枝节。比如，眼睛常盯住一个一个的单元及其篇目，却较少很明确地基于“课程标准”的实现去思考与设计教学。

基于上面的原因，近日重读《普通高中语文课程标准（实验稿）》（人民教育出版社，2003年4月第1版），并将重读时的所思所想记录下来，是为学习札记。希时时警策自己，又有启于来者。

第一部分 前 言

1. 普通高中教育是面向大众的、与九年义务教育相衔接的基础教育。（第 1 页）

这是课程标准中一句很重要的话。“面向大众”，说明普通高中教育的基础性，“与九年义务教育相衔接”，提示中学教育的连贯性。在具体的教学实践中，要避免走上应试教育的狭路，还要尊重学生循序渐进的认识规律。

这里有两个方面要注意，一是考虑高中语文教学要为学生的未来发展夯实哪些基础，这决定着我们的高中教学能否适应学生的未来发展；二是在高中起始年级要充分考虑到学生进一步学习的知识与能力储备。前者要有横向的“面”的概念。从现在的教学看，基本的情况是，高考的考点变成了教学中知识掌握与能力形成的侧重点。这个范围是很狭隘的，但却是最有针对性和最功利的。许多知识与能力，包括学生心智的缺失，都与这个狭隘的“考点”有关。对课程标准全面的认识与落实是走向成功教学之路的前提。后者要有纵向的“线”的概念。认识螺旋式上升的规律决定了温故知新的重要意义。上一步经验的积累是下一步学习的起点，初高中衔接过程中的教师要在明确学生“已知”的情况下引领他们去探求未知。这对帮助学生顺利过渡到高中的学习是一个不容忽视的环节。

2. 适应时代的需要，调整课程内容和目标，变革学习方式和评价方式，构建具有时代性、基础性和选择性的高中语文课程，是基础教育改革的一项重要任务。（第 1 页）

作为教师个体，我们要设身处地地为学生着想，在自己的能力范围内，最具有发展空间的就是在教学方式的改变过程中帮助学生改变学习方式。这也是教学中能够有所作为的关键。课程的构建以及课程内容与目标的调整，是一个综合性的工程，由此可见，课程标准的贯彻落实需要更广泛的共识与实践。目前我们还有许多制约课程实施的瓶颈。

3. 工具性与人文性的统一，是语文课程的基本特点。（第 1 页）

关于语文课程性质的讨论，历时长久，观点纷呈。这个认识恐怕还远远不是定论。

4. 建设高中语文课程，应继续坚持《全日制义务教育语文课程标准（实验稿）》中提出的基本理念，根据新时期高中语文教育的任务和学生的需求，从“知识和能力”“过程和方法”“情感态度和价值观”三个方面出发设计课程目标，努力改革课程的内容、结构和实施机

制。（第 1 页）

具体到一节语文课，教学目标是一节课要达到的教学目的。但近几年我们看到很多语文课的教学目标都贴着“知识和能力目标”“过程和方法目标”“情感态度和价值观目标”的标签。这是从课程目标设计的三个方面引出的误读。每一节课的教学目标都指向课程目标的实现，但每节课的目标是非常具体的，不可能网罗太多。如果我们实施新课程只求形似而没有精髓，那是很令人担心的。“穿新鞋走老路”是一切改革中最滑稽的面目，也是最可憎的面目。

5. 高中语文课程包括必修课程和选修课程两部分。（第 3 页）

6. 必修课程要突出课程的基础性和均衡性。学生通过必修课程的学习，应该具有良好的思想文化修养和较强的运用语言文字的能力，在语文的应用、审美和探究等方面得到比较协调的发展。选修课程也应该体现基础性，但更应该致力让学生有选择地学习，促进学生有个性地发展。（第 4 页）

7. 必修和选修课程均按模块组织学习内容，每个模块 36 学时，2 学分。每个学期分两段，每一学段（约 10 周）完成一个模块的学习。这样的设计有利于学校灵活安排课程，也有利于满足学生多样的学习需求，便于学生根据自己的实际情况选学或者重新学习某个模块的内容。（第 4 页）

高中设置选修课，被认为是新课程的最大亮点，体现了课程的选择性。

但选修课其实处境很尴尬。先是选修课变成必选课，接着又变成选而少修的课。你高考考什么，我选修就选什么，这样的心理恐怕广泛存在吧。耳闻有极端的做法，为了应对试卷上的选修题，干脆选一个作罢，不及其余，不过是在选修中必修一个考点而已。

要改变，需要从整个运行机制上来做调整。像我们看到的许多问题一样，我们很容易想到综合治理这一件事，许多事不是牵一发而动全身那样简单，而是需动了全身才能牵动一发。

第二部分　课程目标

课程目标部分中指出学生应该在五个方面获得发展：“积累 · 整合”“感受 · 鉴赏”“思考 · 领悟”“应用 · 拓展”“发现 · 创新”。支撑这五方面目标实现的是必修课程和选修课程。必修课程突出了“阅读与鉴赏”“表达与交流”，共有 21 项内容；选修课程设计了五个系列，各有指归。

1. 具有广泛的阅读兴趣，努力扩大阅读视野。学会正确、自主地选择阅读材料，读好书，读整本书，丰富自己的精神世界，提高文化品位。课外自读文学名著（五部以上）及其他读物，总量不少于150万字。（第8页）

文章的写作不能不牵涉到另一个问题：阅读。读书是在读人家的见解，写文章是拿自己的见解给人家看。读与写，本是密不可分的。可当下中学生读文章是为了考试，写文章也是为了考试，出于生命个体真正需要的读和写，却被挤对近于无。我们有很多做题的能手、考场成文的快手，但缺少生命底色亮丽、精神旺盛饱满的学生。很多学生是得鱼忘筌，离开中学校门后，很少再阅读与写作。他们曾经被束手束脚十几年，一朝松去绑绳，倒失了跑跳的兴致，又在严酷的社会环境中用了红的、灰的眼睛打量世界，从学校的象牙塔出来，趔趄着准备还俗了。

如果现在有一个高中学生，说他没有时间读书，那是比较可信的。我们看到的重点校的高中生，进入高中不久即要面对各样的题目，心里牵系着考试，试题链接着高考，时则以喜，时则以忧，要全然忘却功利地去读书，倒真是一件奢侈的追求。

他们也是读书的，至少可以在书中徜徉一过，暂且得一点心灵的宽余。但他们自发地选书来读，往往得不到关于阅读的良好指导。他们更乐于不动脑筋地读书，使自己暂时停留在阅读的快乐里，心事懵懂，就读情爱书；童心未泯，就读漫画书；爱好体育，就读明星赛事；喜欢八卦，就读娱乐新闻。雪月风花，服装时尚，痞子喧哗……一路读去，遇到什么就是什么，也曾因一本《读者》《意林》《青年文摘》蒙上在课堂看课外书的“恶名”，被叫去谈话，但这看的还是雅俗共赏的一类，更有许多无病呻吟，使人空耗着时间和金钱的杂志、著作，感性的美艳、万般的离奇背后是苍白的灵魂，一日日颠倒着迷茫男女的心，使脆弱者的心气一天天混乱和乖戾，萎靡而消沉。

阅读能力和文字功夫，差不多是我们学过语文之后剩下的全部。高中阶段培养起良好的阅读旨趣，打下坚实的表达基础，终身受益。“读好书，读整本书”是一个很好的观念，这不仅是说学生，对教师等成年人而言，也是极重要的，需要有切实的行动。我们身边不读书的人总是很多，其中也不乏教师。我看到许多同行除了科目内的书籍外，几乎没什么阅读量可言，更遑论指导学生读书了。

学生读书是需要指导的，光是口头上强调基本没有什么作用。要想指导学生，就要有共同读书的行动。我们读了作品，才能与学生沟通、交流，才知道有什么问题，怎样指导。教师如果只是一个书目的提供者，那是没什么意义的。

2. 能独立修改自己的文章，结合所学语文知识，多写多改，养成切磋交流的习惯。乐于相互展示和评价写作成果。45 分钟能写 600 字左右的文章。课外练笔不少于 2 万字。（第 9 页）

“多写多改，养成切磋交流的习惯”，这一点中语言运用的切磋琢磨功夫是很重要的。这里面含着自省的意味。大师的作品，都是不厌其改的，往往一个词、一句话要斟酌再三，推敲词句是一项艰苦的工作，也是容易带来写作心得的工作。现在的中学生，做到课外练笔的人太少，而能仔细推敲，对自己的文字负责的就更少。多写多改就需要在写作教学和课外写作方面多加指点和培养。“切磋交流”体现着他律意识，“奇文共欣赏，疑义相与析”，在相互的砥砺与欣赏中，一个人会更有向上的目标和动力。

在课程标准所列条目的落实中，凡关乎考试的，总会得到特别的关注，青眼多多；凡在考点之外的，就变成了不贵又不富的远亲，时受白眼。种种教学中的势利眼，正是语文学习之树的蛀虫。

必修课程应是学科教育教学的基础性和公共性的体现，是高中语文课程目标的主要载体。这一部分就“阅读与鉴赏”“表达与交流”做了较为全面的规定，这些细目是教学的宏观纲领和基本要求。课程目标作为具有统摄意义的上位目标，每一条都可以分解为若干个知识与能力目标。课程实施的过程，就是在课程目标的主干上不断长出枝叶的过程。以一棵树的形象论，我们许多教学的结果，在学生心里种下的往往是一棵畸形的树。

3. 学会灵活使用常用语文工具书，能利用多种媒体收集和处理信息。（第 9 页）

科技手段层出不穷，信息的获得途径多多。如何利用多种媒体收集和处理信息，是一个亟待给学生以必要指导的科目。

2007 年秋季，新课程在吉林省全面铺开。当时指导学生分小组进行研究性学习。学生们很快有了选题。但在我们的课程安排下，学生真是很难有足够的时间去研究。几组的学生报上了题目，也经简单的聊胜于无的指导，然后返回去。看他们的报告，还确实有些研究的兴趣和目标。但个别学生的报告中存在很大的问题就是对网上资源的滥用。这已经不是一个学习方式的问题，而是一个道德问题。学生对他人劳动成果的尊重度几乎为零。

想一想学士、硕士、博士论文中的抄袭现象，想一想科研成果中的造假问题，不能不让人不寒而栗。如果没有一种真正的科学精神在，那么我们的独立与创造从何而来？

这里有许多值得思考的问题：如何利用图书馆，怎样利用他人的研究成果，学术的可贵精神为何等等，都是我们要严肃面对的。巧取与豪夺，是野蛮的行径，是文明社会的大倒退。

4. 增强人际交往能力，在口语交际中树立自信，尊重他人，说话文明，仪态大方，善于倾听，敏捷应对。（第 9 页）

5. 注意口语的特点，能根据不同的交际场合和交际目的，恰当地进行表达。借助语调、语气、表情和手势，增强口语交际的效果。（第 9 页）

语言运用得好或不好在表达中可见一斑。肯说，会说，善说，这是口头表达的三个过程。我们必须解决的是让一个人肯说的问题。绝大多数学生小的时候都是肯说的，到高中则不然，会有一些学生不大肯发表意见了。私下交往中有话，众人面前言拙，能议于一隅，不能言于广众，所以口语表达的能力对公众意识不是很强的国人而言，尤其要注重培养。

中学里的演讲会，能面向大家，具有表现力侃侃而谈的总是少数，更多的人，却视当众演说为畏途，先在心理上退避下来。私下里意见不少，临到发一己之论的机会又缩头缩脑，这恐怕是中国人矛盾人格的一个很典型的表现。

能当众得体地、有条理地、富有感情地表达，无疑是一个公民应该具备的基本能力之一。

第三部分 实施建议

教学方式与学习方式的良性变化，是新课程实施中受到极大期许的，而评价方式的改善与此紧相关联。从某种程度上看，评价方式的改善是学习方式改善的潜在而持久的动力，并进而影响到教学方式的改善。

1. 评价的根本目的是为了促进学生语文素养的全面提高。（第 21 页）

语文素养是多方面的，聆听仔细，谈吐得体，阅读思考善于领悟，文字表达优美清新，等等。它体现在一个人内在与外在的诸多方面。从“促进学生语文素养的全面提高”的根本目的出发，我们的评价确实忽视了很多东西。常常，我们的评价集中在试卷分数的得失上。这固然可以用来衡量学生的语文素养，也可以看作是比较综合的衡量，但它远不是全面的。

要对一个学生的语文素养做全面的评价，离不开知、情、意、行的全面观照。

2. 评价要有利于鼓励学生对课程的自主选择，促进每个学生的健康发展，要根据学生的个体差异和个性化要求，采用生动活泼、灵活多样的评价方法。（第 22 页）

学生的个体差异和个性化要求是丰富多样的。只以我们的课堂教学及其考查看，一张试卷中就足见个性差异的明显，有人基础扎实，记忆准确；有人领悟力强，善于鉴赏；有人辞采华美，给人感染；有人逻辑缜密，给人启迪，等等。一个学生如果在他的优势方面得不到及时的肯定，切实的指导，以致不能有发挥的动力，就可能失去这个优势。而另一种情况可能出现，就是长处不显，不足之处却总是被拿来与人相比，以致消磨了信心，减少了兴趣，在什么方面都泯然众人矣。

有一种叫“短板效应”的说法，其核心是一只木桶盛水的多少不取决于其最长的木板，而取决于其最短的一块。一些人拿这个当作求全责备的利剑，却忽视了学生不是木桶这个显而易见的事实。如果我们不关注到“长板”，而只盯住“短板”，虽然本意是好的，但结果通常并不好。这就需要我们认真领会评价的要义，真正做到“采用生动活泼、灵活多样的评价方法”，充分注意“学生的个体差异”，让我们的评价能够满足学生的“个性化要求”。至于“鼓励学生对课程的自主选择”，则是在做好上述工作之后的事情了。

3. 评价应充分发挥诊断、激励和发展的功能。（第 22 页）

评价可分为诊断性评价、激励性评价和发展性评价。诊断性评价要客观、准确，对个性差异有所甄别，使全体学生通过诊断性评价了解完成目标的程度，明确努力的方向。激励性评价要能激发学生学习的兴趣与动力，获得学习的满足感和成就感。发展性评价要注重发现学生的潜质，适应学生的个性化要求，给其以未来发展方向的引领。

4. 语文课程评价一方面要尊重学生的主体地位，指导学生开展自我评价和促进反思，另一方面要鼓励同伴、家长等参与到评价之中，使评价成为学校、教师、学生、同伴、家长等多个主体共同积极参与的交互活动。（第 22 页）

“多元评价”的理念，在新课程实施中不断被提及。在学生的德育方面的评价中，常看到自我评价、同伴评价、教师评价和家长评价，但就一个学科的评价而言，引入多个评价主体，这在我们的实际评价系统中虽有体现，但还不够。

这和课程标准建议的很多事情一样，不大能引起实践层面更广泛的呼应，在很大程度上还只作为理念说说而已。其实，实践起来也并不难，越是全面地实现课程目标，越可能更多实现多元评价。多元评价更能多角度、具有立体性地对学生的学科学习做出评价，这在“一考定乾坤”的时代里，实现的可能性和实现的价值都不大。

5. 课程评价有多种方式，每一种方式都有其优势和局限，都有适用的条件和范围。学生发展的不同侧面有不同特点和表现形式，对评价也有不同的要求。（第 23 页）

课程评价，在我们的教学中存在很多问题。其实，学生学习的兴趣、动力、成就感、发展方向，很多与他所受到的评价密切相关。从这个领域一切捉襟见肘的状态，可以看出我们的教育对人的主体性关怀的缺失。好的教学评价源于尊重，尊重成长规律，尊重个体人格，尊重生命发展。

结　语

对照课程标准，检讨自己多年的语文教学，时而欣慰，时而汗颜。有些问题意识到了，也做了解决的尝试，有些问题虽看到，但可能还会长时间成为问题。教学的事，实在无法以一己之力影响到全局。唯愿自己有这番认识后，能够在工作中改进。

事实上，许多同人已经大声疾呼过，也有一些实干的人在某一方面有所建树，贡献出实绩。但观照语文教学的现状，我们还期待着对课程标准有更透彻的理解、更深入的领会，还期待着为课程实施做更艰苦的努力、更扎实的工作，这样才能使学生在语文学习方面有更均衡的发展、更全面的素养。

我们实在应该敬畏我们的工作。

“问题”远远大于“主义”

在新一轮课程改革中，人们提出了很多问题，也建树了很多理论，这对反思我们走过的路是大有裨益的。但在理论更新、实践变革的过程中，一个在教学一线的实践者，总会面临更多的具体问题。为此，我约请一位在教学岗位有近二十年教龄的同行，帮我搜集一些一线教师所面临的具体问题，为我的思考提供一些更具体的角度。

下面的十个问题，遵从提问的顺序，附上我的一点思考，算是对自己教学心得的一次检省，以此期待与更多的同行交流。

1. “一千个读者眼里有一千个哈姆雷特”，可阅读试题的答案却是唯一的，即“哈姆雷特”其实只有一个。在阅读教学中，还要倡导“多元解读”吗？

“一千个读者眼里有一千个哈姆雷特”，揭示了阅读时个体感受千差万别这一个事实。就不同的阅读个体来说，人们对人生世相的种种感受不可能是完全一样的。地域的不同、文化背景的径庭之分、见识的短长，甚至身体状况的微小差异，都会影响到人们对所读作品的判断。就个体的阅读史来说，一个人处在不同的年龄、心理和文化陶冶下，对同一阅读对象的判断也不是一成不变的。我们认识到上述事实，就有理由承认“多元解读”的合理性，这本身是尊重事实、尊重不同读者的表现。

同时在语文教学中，尤其是试题的参考答案中，我们又不得不面对“答案唯一”的情形。那么，在阅读教学中，还要不要倡导“多元解读”呢？当然是要的。事实上，我们在阅读教学中对多元解读的倡导和实践，还远远不够。因为很多时候我们只在“对”与“错”中做二元判断，丰富而立体的，甚至互为矛盾的人性往往被简单化了，所以我们更应鼓励学生对人物做多角度的更为接近真实的认识。

这当然不是说“公说公有理，婆说婆有理”。我们承认多元的存在，并不等于对什么都要认同。因为多元，所以认识会更全面，因为多元，所以带来更多的辩难与思考。阅读中多元解读的存在，不会对试题解答造成多大影响。阅读题考查的多是把握、筛选、整合信息的能力，归纳、概括的能力，侧重的是提炼和表达，都是有规律可以遵循的，具有可控性。因此，不必因试题答案的“唯一”而放弃解读的“多元”。

2. 文言文教学中，教师普遍在解句读、串讲、翻译，造成了文言文教学的模式化，教师、学生都觉得枯燥、单调，怎样提高文言文教学的效率和美感？

这个问题包含三个信息：一是教学模式，二是师生之间教与学的感受，三是对文言文教学效果的期许。下面分别来谈：

“解句读、串讲、翻译”作为一种文言文的教学模式，沿袭已久，也是较有成效的。我想起我在初中学习文言文时的情形：老师在讲台上逐句翻译，我们在下面逐句记录。有时会将整页书弄得面目全非。老师当然也会讲词法，讲句法，板书，提问，组织朗读，甚至说个小笑话，但较为常态的就是这种“我念你记”法。这种方法在我就读高中时也没有本质的改进。那个时候没有其他资料，做教师的也几乎只有一本教学参考书。我这样的对语文还很有感情的学生，也是能做到乐此不疲的，但一篇文言文翻译抄完，也确实有如释重负的轻松感。这种教学方式的特点是，一切标准的翻译都来自教师，学生很难体会到独立思考的乐趣。我有很多同学就在这“我念你记”中消磨了时间，又所得甚微。

今天我们的教师还用这样的方法讲文言文，那就显得不能与时俱进了。不是有句顺口溜说学生“一怕文言文，二怕周树人，三怕写作文”吗？是该很好地反思一下我们的工作。问题里谈到师生的感受“枯燥、单调”，既然教师自己都感到这样，又怎能期待我们的学生有所超越呢？

我想，造成这种局面的原因是多方面的，但解决的方法还需从教学方式和学习方式的转变开始。我见过初中孩子的学习材料，一篇文言文，琐琐碎碎地列出一二十页的题目，学生考前复习背下来了事。像《桃花源记》《醉翁亭记》《岳阳楼记》这样的文字，用这种方法去强化，真是搞得一塌糊涂，学生还能有什么美好的记忆！

说到效率和美感，我以为效率倒还在其次，美感是万不可少的。课本里的文言文选文都很好，语言美、结构美、情感美、境界美，饱含着思想睿智和文化魅力。如果一个教者不能令学生领略到这些，那么我们所说的传承优秀文化不成了一句空话了吗？

阅读文言文是会遇到一些语言障碍的，对历史文化、典章制度等的陌生，也会出现难懂或误读的现象，但教师不是语言障碍清扫机，也不是知识与常识的贩卖机，而是学习方法的指导者和领路人。要改善我们的文言文教学，还是可以想一些办法的。

例如梳理排查法。先由学生自主研读，找出读不懂或模棱两可的地方，师生再共同讨论、明确。这样就不必在一篇文章上平均用力，既可以省时，又提高效率。我们的教材给的注释太过详细，学生上下一对，觉得懂了，印象却不深刻。可以不看注释阅读，增强对语言的敏感度。再如诵读引领法。在把握文意的基础上，加强诵读，培养语感。我们的古文是很有美感的，一个字都可能带着音韵的美和丰富的情感。加强诵读，对优美的篇章或句段熟读成诵，也是学习文言文的一个好方法。又如典型强化法。这可以从王力先生《古代汉语》的体例中受到启发。《古代汉语》中，文选后面有常用字的讲解，有文化常识的积累。这些就构成了阅读文言文的基础。我们可以通盘梳理一下某一学段必备的基础知识和常识，分散在各篇章加以各个击破。

好的方法总会有，当我们认识到祖国语言的修辞之美、内蕴之美、情理之美时，也就自然在教与学中获得了更多的趣味。

3. 提倡创新教学，教师在对文本进行开掘时，可以忽视和改变单元教学目标吗？灵活性的尺度该怎么把握？

单元教学目标的总和应该是指向课程标准的落实，这个目标应该引起足够的重视，但并不等于我们要亦步亦趋。我们面对一个单元的教学目标，结合学生的实际情况，是要进行调整的。课程是静态的，而学习者是活泼的，如果不基于学生的学而确定教什么，怎么教，我们的教学就会变成教师的一厢情愿。

至于灵活性的尺度，我以为有三：一是尊重学生的主体所需，二是兼顾课程标准落实，三是融入教师教学个性。

4. 语文教学中，朗读教学是提高学生语感和审美感觉很重要的途径，可有的教师声音素质差，朗读能力不强，该怎么办呢？

我们不妨确定一个语文教师朗读的最低标准：读音准，吐字清，音量足，感情真。这在肯于努力和有责任感的教师那里，应该是能做到的。另外，我们现在可借助的手段也很多，必要时都可以利用。但一个语文教师，我们宽容一点说，倒不是非要具备多么好的朗诵才能，只要出于真情实感，能准确传达文意文情就可以了。要是连这也做不到，我们只有怀疑师范教育的出口了。

5. 语文教学中，教师如何于无疑处激疑？

记得胡适有句著名的话："做学问要在不疑处有疑，待人要在有疑处不疑。"质疑精神在中国显得尤为可贵。在许多事上，我们的民族心理特征确实是易接受现成结论而不大肯质疑辩难的。

很多时候不是学生有没有疑问的问题，而是他所面对的解疑方式影响到他下一次是不是将疑问提出来。所以，要于教学中激疑，先则要改变我们面对学生提问题的态度，做到让学生敢问、敢想、敢说。

此外，“无疑”与我们民族的文化传统有关，我们尊重长者、圣者、智者，对他们的言论通常会采取言听计从的态度，这也影响到我们评价一个孩子的标准。我们的家长和教师常常会鼓励和奖赏听话的孩子，而不喜欢对长者质疑的孩子。我们缺少思辨精神。

意识到这一点，我们就要鼓励“唱歪调”甚至“唱反调”的学生，能有理有据地说出自己的观点，本着尊重真理的精神，对各种观点、态度做出反应，更深入地思考问题。也可以指导学生多看一些思想深邃、富有质疑精神的书籍，建立起独立的人格。

6. 怎样培养学生的作文创新能力？

自古好的文章，无非是美的思想和美的形式，我们说的创新能力只是一个相对的评价。在中学生的作文里，我们所说的创新往往指向语言表达的新颖和思维见解的与众不同。天赋是一个很重要的方面。如果谈到后天培养，我以为应引导学生博览群书，模仿借鉴，体察生活，乐于表达。有人说思想的高度决定文章的深度，这话很有道理。其实语言锤炼的程度取决于思想锤炼的程度，一个读书面狭窄，心思只在试卷上的学生，我们很难期望他写出有血有肉的文章的。

7. 如何发展学生的联想和想象能力？

我们可以认为联想和想象源自经验。要发展联想和想象能力就要努力增加学生的经验，这经验从生活中来，从阅读中来。所以，把我们的课堂与生活联系起来，在活动设计中让生活成为我们的课堂，把阅读和生活联系起来，让社会成为一本在眼前打开的书，自然我们的联想和想象力就有了不竭的源泉。

8. 在新课程下教师如何培养学生的阅读习惯？

很多学生明明不喜欢做卷子，可为什么宁愿做题也不愿读书呢？这就是因为做题可以带来现时的好处。读书是关乎一生的事，在急功近利的人们那里，却很少能无功利地读书。就是我们做老师的，面对一个阅读题做不好，写起文章味同嚼蜡的学生，也会常常说，要多读书，但骨子里还是想着他能提高考试成绩那点事。培养阅读习惯，真是语文教学不能忽视的一件事。

也有一些学生是读过很多书的，但读书多不等于具备好的阅读习惯。在这方面，教师要将一些好的读书方法介绍给学生。一个很便捷的途径是在平日的课堂上就可以培养阅读习惯。略读与精读、评注与笔记、摘录与阐发等等，可以先一点一滴地做，然后迁移到课外阅读中。其他如选择书籍的标准是什么？如何在阅读中发现自己的阅读旨趣？怎样做读书笔记等方面的内容，可以通过专题指导或读书交流会的形式使学生建立起基本的认识。

9. 老教师该如何帮助年轻教师快速成长？

师傅带徒弟，不知道是不是中国特色。一个具有教师资格的人，首先应该是具有专业知识和职业素养的人。所说的老教师帮助年轻教师，我以为就是引领年轻教师更好更快地适应教育教学岗位，使其专业知识和职业素养发挥应有的作用。“速成”的事，从来就罕见，“快速”成长，就漫长的职业生涯来说，不必过于期求。必是先中规中矩，才有望游刃有余。

10. 新教材作文教学与课文教学彼此独立，作文教学没有完整的体系，请谈谈您高中三年作文的教学计划以及内容。

人教版必修教材的作文序列，我认为安排得是比较合适的，考虑到了初、高中的衔接和由浅入深的梯级。按照我们较普遍的共识，高一阶段还是要在初中的基础上提高记叙、描写的水平，为叙述性能力的形成打下牢固的基础。同时在这一学年，还可以考虑常见的实用文的写作训练。随着学生知识视野的扩大和思辨能力的增强，到了高二阶段，可以由易到难地进行议论性文章写作的学习与实践。我看到的一些做法往往是不尊重学生的认知规律：有的杂乱无章，遇到什么就是什么，不加甄别；有的揠苗助长，记叙、描写的本事还不到家，就想着提升思想，高谈阔论了；有的只求结果，缺少平实而具体的指导，不思养鸡，只顾吃蛋。

如果我们不是有一个更好的体系，那么遵循教材的序列扎实地指导、训练下去，应该会是不错的。可以换去些旧一点的例子，但整个框架是完全可以借用的。

写文章各有天分，我们要做的是指给学生基本的要领。如果连这个都做不到，学生拿起笔来，岂不抓瞎！

面对十个问题，当时只道是寻常，但静下来思考，却感到回答起来力不能胜。我们有太多实际的问题需要解决，又在忙忙赶路的过程中缺少停下来想一想的余闲。当我们面对人们对语文教学的种种责难，在委屈的同时，确实需要想一想怎样能将我们的工作做得更好。

好的行动来自于一个好的观念，我们语文教学确实需要观念的更新、教学方式的转变，进而带来学习方式的转变，但这将会有一段很长很艰辛的路要走。

正是春光别样好，一路犁铧识土香。

课程实施的完善在课堂评价

课堂如诗：无非是好的情感加美的形式

——评张继辉老师《采薇》的课堂实录

张继辉老师是省级教学大赛中一等奖的获得者，这只是日久积累的一次集中体现，而作为一名团队的带头人（东北师范大学附属中学语文教研室的副主任），他平日的钻研与教学一直是扎实而深入的，这一点从《采薇》的课堂实录中可见一斑。

诗歌能怡人性情，因为诗主情；诗歌能悦人心目，因为诗尚形。最凝练的情感出自最简约的语言，成就了诗。诗歌的情感美与形式美可以作为语文课堂的一种借鉴。本文将围绕上述两个方面谈谈对这节课的看法。

一、好的授课内容是充溢着美好情感的

一部具体的作品不等于授课内容，从作品提取出什么来传授，才构成授课内容。张老师撷取了三点作为教学重点：感受韵律、认知和体悟文化内涵、鉴赏和品评重点语句。这是好的内容：它是属于诗的，它是属于语文的，它是学生需要的。

诗歌作为一种文学形式，韵律是它的显著特征，阅读中国古典诗歌更离不开对韵律的认识。张老师在课堂点拨中注意到复沓的形式、行文的节奏、诵读的重音等，是基本的，又是重要的。

文化内涵也应该是语文的内涵，中华民族的美好情感，千百年来被不断地强化，成为优秀传统的一部分。教学中不是将一首诗孤立地审视，而是将其作为一种文化传统和诗歌主题的源头来认识，可谓思接千载。

鉴赏和品评是阅读和欣赏诗歌的关键。本课在阅读探究和比较辨析中有意增强学生的鉴赏和品评能力，超越了就事论事的解读，体现了用一个例子解决一类问题的思路，这或许暗合了叶圣陶老先生说过的“课文无非是一个例子”的本意。

二、好的课堂形式体现为简约中蕴含着丰富

简约容易被误解为简单，我倒更倾向于将其理解为绚烂中的一份朴素，丰富背后的一种凝练。简约，如一幅写意画，善于留白，善感的人们正可以通过它，体味绚烂与丰富。

在课堂的组织形式中，张老师对诵读给予了充分的重视，这在诗歌教学中是简约而有效的。《四溟诗话》中有一则说：“诗有可解、不可解、不必解，若水月镜花，勿泥其迹可也。”实际上，教学中我们面对许多“不必解”的地方，糟糕的做法是“非要解”。本课在课前准备环节已经由学生做了解读的工作，而课上的反复诵读，正是涵泳、深化的过程，诗的韵味与内涵在自然而然中会给学生留下烙印。

一个例子是本课的“教师补充”部分。学生的质疑精神从哪里来？怎样质疑和思考？张老师“查阅了诸多的相关资料，根据书下注释，对某些语言点重新进行了补充和阐发”（张老师“执教感言”中的话）。这一种示范只是几分钟的事，但这一种精神的引领却关乎学生学习和思考的一生。教师和学生都会遇到这样的情形：对某个注释某种解说心存疑惑，想一想，既然书上那么说，算了。于是就一知半解，于是就以讹传讹。肯于提出疑问，肯于务实求真，不正是可贵的治学态度吗？

还有一个例子是《采薇》与《出车》篇中类似诗句的比较。《采薇》的最后一节是历来为人称道的，很多学生在学习前都背得出。若只停留在景语情语的认识中，就谈不上更深入的理解。而张老师在参校式阅读中突显了“杨柳依依”等句谐音双关的含蓄美，使用叠词的音韵美，又参照以宋人范晞文《对床夜话》所记述的后世名家模拟之句，体现出了一个具有文化原型意义的意象千古不衰的生命力。

小结：通过这一堂解读诗歌的课，我们能看到施教者教学风格中一些诗的特质。

以下要说“但是”了，有两点意见需要商榷，也是围绕情感与形式展开。这倒不是为了进一步强调，只是按照我点评时先主后次的逻辑。

1. 授课内容在选择上要注意辨伪。

课堂上提出了一个探究题目：这两章中人物战斗的豪情同前三章人物内心的痛苦是否矛盾？这个问题是值得讨论的。张老师给的参考提示之一是“精神的崇高美：为国为家的忘我牺牲精神，保卫国土的豪迈情怀让每一个有民族责任感的人肃然起敬”。这一种高调是在挖掘作品思想时经常遇到的，比辨析词句更可贵的对观念的质疑精神就在这些美丽的辞藻下被淹没了。这是应该引起我们警惕的。

如果不是在美学意义上来探讨，《采薇》所表现的“战斗的豪情”只能说是悲壮了。民歌的可贵就在于它并不想“崇高”，“小人”们有的是无法自知的命运，与世浮沉的辛酸，忧伤痛苦，疾病衰老，剩下的就只有嗟叹。出于对个体生命哀歌的尊重，还是要放到当时的背景中，从人物的境遇着眼，设身处地地做出更接近真实的判断。

由此联想到本课的教学目标。四个目标中，后两个得到了落实，第二个目标在教学中没有得到呼应（暂且不论）。第一个目标为“了解家园之思的文化内涵，激发学生热爱家乡故土的感情”，是不是会因为追求“崇高”而有些架空呢？

语文课要具有文化情怀，这是不错的，但我以为，尊重历史，感悟生命就是最好的文化情怀。

2.“探究”要指向学习方式的培养。

“探究”已经“深入师心”了，作为一种课堂设问形式，有时会存其名，无其实。这是值得我们注意的。本课在“问题探究”名下有10道题目，研读一至三章时有7个题目之多。如此多的题目是无法在一节课“探究”完的，我们看看这7个题目，第二个倒是一个很好的探究题目，“这种重章叠唱是不是内容上的完全重复呢？”为了回答这个问题，时间推移的顺序，久戍不归的愁苦，一唱三叹的效果等等并不难被学生认识到。这样囊括7道题目，可以使学生对“重章复唱”的艺术形式有了更全面的认识，也达到了培养学生自主探究的目的。

小结：通过这个实录，我们看到一些语文教师在技艺之外应该注意的东西，那个东西或许叫作“道”吧。

说到这里又想起一件事，有一次给人评课，说了多个缺点，还言犹未尽，一个长者紧着向我摆手，意思是让我打住。其实我并不是看不到人家的优点，但总以为肯说出点不足才来得实诚。这一回点评，因为对张老师是熟悉的，就更不忌讳，轻了重了，都有个商量。点评别人的课有时是件让人心虚的事，毕竟是“看花容易绣花难”。一个有出息的教师总是不知满足地辛勤探索，实在是因为教学是件让人遗憾的艺术。

（原载《语文教学通讯》2012 年第 7—8 期）

语文课堂评价感言

观察课堂，偶有感发。惜乎事事迫促，静思无暇。午后薄阴，默默翻检，摘出稍具片段者，大针小线，穿引成篇。

1. 花与实。

不是每一朵花都能坐果。不坐果的花，被称为谎花。谎花同样要耗去营养，教学中为达成理想的效果，当然是希望每一朵花都能结出果实。然而语文教学，较不易形成快速而直接的效果，出于不同的学科素养与教学设计，语文教学中的“谎花”总是很多。看有的人上课，有期待满园花开之心，少有收获满园瓜果之效，当以为戒。

2. 平易为之岂不好。

课前有个导语，怕也是一种共识。语文课，或许是学科的原因，老师们喜欢设计精彩的导语。我们看到的导语，大多很重文采，或创境，或煽情，以期有先声夺人之效。有一次听课，一位老师慷慨陈词一番之后，或是太紧张，或是进展顺利之余太放松，进入正题的最后一句竟是“这节课，我们学习奥楚蔑洛夫的小说《变色龙》”。这样背一个导语，给学生除了紧张外，其余的倒也极少。

3. 活与滞。

如一道水流自然而下，这是课堂中一种难得的境界。但有时会见到阻滞的情况，学生的思路不能如教师理想中那样被打开。这种境界不容小视，它常常由教师本位的设计所导致。“目中无人”，是所有教育中最失败的一种。无论学与教，方法都是很值得探讨和琢磨的。有丰富经验的教师讲课，更多不是在表现自己，而是在激发学生。

4. 语文课堂上的视听素材。

好听好看的东西日益增多，也更方便得到了。于是，课堂里常能听到好听的音乐，看到好看的画面。这些之于学习，作用究竟有多大呢？人类的知识是从具体中抽象出来，在习得抽象知识时借助的形象手段，对于培养学生的抽象思维与逻辑思维会有怎样的影响呢？

5. 一二三四。

有些便捷的记忆法，被有的老师移到语文课堂中来："这节课，很好记，一二三四。一个××，两个××，三个××，四个××。"我疑惑，学生记住了那一二三四有什么用呢？要这样学语文，不学也罢。

6. 新技术的应用。

过去一支粉笔，现在用着多媒体。听起来也很自豪，但技术的更新并不代表观念的进步。多媒体或许很能体现"多、快、好、省"，但除了一个"好"字，一节课未必是"多""快""省"就好。每见一些课堂上，幻灯片疾速地闪过，我就常想，我们应用多媒体的本质意义是什么呢？好的技术应该是运用，而不仅仅是应用。

7. 教师的才艺。

语文教师应该具备写作的能力，从而潜移默化地影响到学生。但我看某些老师讲课，像讲一篇散文，有的老师会将事先准备好的一首诗放到课件中，在课的尾声来个升华。我们的学生都心善得很，在老师声情并茂地讲授后，都拼力拍巴掌。我以为这方法不大好。除了写诗，有的老师还会唱歌，会画画，等等。教师该怎样在适当的场合展示自己的才艺呢？

8. 作为一个标志的作业。

完整的课堂是有程式可循的。譬如最后一项的布置作业。其实我们借一个班级上一节公开课，即使留下一个作业，也是未必能实现的。很少有人不留作业。怪哉，摆设也成了必需。

9. 学人样不如立己样。

我小的时候住在村子里，每家都有三两个半大不小的孩子。母亲们见谁家孩子穿出的鞋很上眼，常常会比量那孩子的脚，如果与自己孩子的一般大，就会琢磨着借来鞋样。不是每个母亲都很手巧，能根据自己孩子的脚铰出鞋样。但每个孩子脚的肥瘦大小终究有所不同，所以做出的鞋也不都尽如人意。经常看到有的老师在上课时搬用某个名师的东西，有其名无其实，显得勉强。上课的事实在是学人样不如立己样。

10. 一节课教师要讲多少。

教师的个人素质无疑是至关重要的。新课程实施以来，有些主张被绝对化了。据说有的校长听课时拿了表计时，认为只要教师讲课超过下课时间多少多少分钟，这堂课就是失败。满堂灌不可取，满堂练也不好，满堂都是学生说就好？教无定法，但却存在着许多行政过热的头脑想把方法定于一尊的谬举。“攻乎异端，斯害也已！”

11. 课堂效率。

在四十五分钟的一节课里，到底能讲多少东西，因课因人而异。“课”，指传授的内容；“人”，指具体的学生。急于功利的人爱打着“高效课堂”的旗子，高谈宏论。此议一出，很符合行政领导的意志，倒未必不由此带来很多弊端。

其一，偏重实用而忽视陶冶。从实用的方面来看，也不过敷衍了考试，并不易生成实际运用的功效。其二，偏重套路而忽视思维。知其然，不知其所以然，正是此种作风的流弊。其三，偏重记忆而忽视涵养。古人云：“记问之学，不足以为人师。”没有丰富的体验和充分的实践，不足以全面判断和评价一个人学习语文的程度。

但我们会遇到很多听上去很美的设想。如果只是想一想也倒罢了，爱幻想、遐想、构想本来也是人的天性。需要的是论证，论证又来自实践。实际的做了，行得通，坚持下去；行不通，另寻别的路。怕的是什么人突发奇想，什么人就跟着拍板，不顾具体的情况，一味玩耍着长官意志的推销。误尽苍生！

12. 语文的思维。

阅学生的试卷，凡涉及思维的题目，总会表现出更大的个体差异性。合乎逻辑的思考在语文学习上显得十分重要，因为文字的理解与表达之力，确实影响学生对诸学科的学习。与西方人相比，中国人有着更多跳跃思维的传统，因为结论与事实间的环节常被略去，所以推理的链条就不完备。加之联想的无限丰富性，使得朦胧、含蓄的语义充斥在古典文学的评价体系中，“空泛连接着确切”，令很多人望而却步。

语文课上如何加强思维的训练需要教师做思考，拿方案，勤实践，出效果。不然，我们只会看到越来越多的强词夺理。国人总是能很快地对某件事下结论，对条分缕析没有耐心，这与缺失合理的思维关系甚大。

我要说的还有很多，值得思考的也有很多，但平日的思绪因为没有及时整理，几个与上课环节相关的话题似已谈到，就此打住。期就教于同行。

何为好的语文课

好的语文课是什么样呢？

我见过一些不够好的语文课——

如教者“全知全能”的课。教师只管将自己的才学展示出来，取“灌输”一途，并不关注学生的实际认知情况。前面老师讲，学生记在笔记上之后，课下再记到脑袋里。有时是上面老师讲得精彩，下面学生听得云里雾里。

如“只讲不练”的课。缺少实践，老师讲了很多，但很少让学生在实践中锻炼，不能及时反馈教学的效果。即使有课下的作业，或诸多的练习，所学与所练之间常有脱节，以至于不能收到学以致用的效果。这也是语文课常常低效的一个重要原因。

如“以练代讲”的课。这是最糟蹋语文的。这种课表面上是在加强训练，为考试做准备，实际上是一种不负责任和无能的表现。还有一种极端做法是将每一篇课文都设计为考试题目，把语文课变成了习题课。简直是蹩脚屠夫的做法。

好的语文课要倾听学生的声音。完成教学任务是指完成帮助学生成长的任务，而不是完成了一篇课文的分析、一个知识点的讲解那样简单。教学是一种激发，通过培养学生的兴趣，诱发学生学习的主动性。如果我们不认识到这一点，怎能让学生亲近学习呢？“目中无人”的教育注定是低效的，也是事与愿违的。中国有着师道尊严传统，老师很容易以长者和智者的身份自居，把本应自由、民主的学习氛围搞得很紧张。不让学生说话，或只在形式上恩赐给学生一点话语权的做法是专制思想、家长作风，是教学相长的大敌。好的语文课要动魄以“魂”，重视精神引领，平等地讨论与研究，这本身就体现着宽容博爱的人文精神。

好的语文课要注重语言的感受。语言本身是丰富多彩的，它是丰富心灵的折射。心灵的刚强与纤柔，崇美与尚朴，都蕴蓄在语言中、文字里。学习语文的过程，正是以自己在生活中的种种积淀与认识，去观照他人的积淀与认识的过程。对生活的敏感程度每个人之间差异很大，语言文字里表现的生活与情感是对生活的模仿、变形与升华，这就决定了学生对语言的理解存在着更大的差异性。班级式授课，求同者多，关注差异者少，不断的趋同会渐渐扼杀以至泯灭个性。我们阅读文章，要尊重作者的感受；解读作品，要尊重学生的感受，只有这样，才是从骨子里尊重多彩的生活，尊重丰富的心灵世界。

好的语文课要丰富语言的实践。没有表达和交往的需要，就无所谓语言文字，在应用中创造、习得是语言发展的必经之路。语文课，要贯穿语言的实践。必是知行合一，才能学以致用。有许多东西，学了但用不上，那就要剔除。对母语的学习，学生有着与生俱来的优势，而母语的运用，又有着鲜明的文化特征。没有丰富的语言实践，就不能将学生的先天优势发挥得淋漓尽致，更不能深得民族文化的精髓。文字作为一种符号是静止的，语言只有在表情达意和交际往来的运用中才能表现出无限的灵性与魅力。现在普遍存在一个不争的事实：我们记的多，用的少，说的多，做的少，以无用为有用，反倒觉得语文没什么大用了。

好的语文课要规范学生的思维。语文是思维的外在形式，人的发展，在本质上应该是思维的发展。我们民族的思维方式中，直觉和感悟是极为发达的，在汉语言的文献资料里，漂亮的结论远多于缜密的思考过程。这一方面显得很简捷、便利，常有一语中的之效，但另一方面也暴露出逻辑上的不足。中国有许多可笑的口号和令人担心的论断，它们往往是禁不住三句问的，但我们多是避开了逻辑上的思考，或热捧，或漠视，或虚与委蛇，结果是任由其肆意横行。这也出现在学生的思维里，强行立论，生硬说理的情况在演讲里、作文中并不少见。我们要改善语文课，要下力气改善我们的思维，这在我们中华民族的文明传统中，显得十分重要。

好的语文课是什么样呢？这问题太大。将不好的习气改掉，将缺失的链条补上，我们就会走向越来越好的路。

课程实施的前途在观念上的守正创新

语文课程建构中的“道”与“技”

新课程的实施，给语文课程建构带来了许多新的契机，教材编写“一家独大”的局面被打破，多家出版社推出了自己的教材。这给教学带来了更新的资源，教学的自主权增加，人们可以讨论教什么的问题了。

一次，在王鹏伟老师的主持下，我们谈及对语文课程建构的看法。当时的讨论撮要如下：

夏维波：语文教学存在的主要问题是形式重于内容，“怎么教”的问题遮蔽了“教什么”的问题。语文教学形式重于内容，不是课程本身的问题，而是对课程理解出了问题。新课程不仅要求教学方式的变革，而且要求课程内容的重构。课程建设应把握两条，即“正本清源，融合汇流”。首先是对于语文的本质的认识，我同意王鹏伟老师的观点，语文要“发展民族语言，传承民族文化”。这里也存在一个问题，就是把民族语言等同于民族言语，真正的民族语言离不开民族思维，语文教学应该把民族思维方式的传承和民族言语的发展融合在一起。就语文来说，这二者的载体是经典文本。我特别强调重视文言文，应该在教学内容上厚古薄今，选文要偏重先秦的诗文，后世诗文是“流”而不是“源”。课程建设除了继承传统，还要融合。语文不能完全是古代的内容，我们学的语文是现代人的语文，不是古代人的语文；五四之后，中国文化和世界文化逐渐交融。正本清源不是要封闭，而是要融合现代西方文化。中国语文的本质特点一直是开放和融合的，中原文化融合了北方文化，汉代、唐代文化融合了域外文化，“五四”新文化运动又融合了西方文化。融合是语文的现代性问题，教学方式也要有现代性。其次是价值观念的现代性。厚古薄今呵护了民族的东西，但民主、自由的价值理念在传统中没有，所以，语文必须有开放性和融合性。从上述观点出发，我在语文教学中，不局限于课本，对课本有多取舍，同时额外补充了一些先秦诗文，包括《诗经》《论语》等，并引导学生课外阅读了大量中外文学名著。从高考成绩来看，有益无害；从学生长远发展来看，终身受益。总之，要整合语文教材，建构指向语文本质的教学内容体系，关注语文教育的有效性，继而再关注语文课堂教学的有效性。对教学内容的定位、整合，重于对语文课堂教学形式的追求。

王鹏伟：以上夏维波老师谈到语言与思维并重，应该引起关注。这个问题，在国内前人多有论述；在欧美等国，语言与思维同步发展一直是有共识的。但从 20 世纪 90 年代以来，在国内就很少被提及了。1987 年语文界首倡“人文性”，引起“人文性与工具性”旷日持久的强烈争鸣，有重要的现实意义。但从那时起，语文的“工具性与人文性”逐渐形成强势话语，遮蔽了其他声音。语文是工具，但语文课程不是工具，这是两个不同的概念；“工具性和人文性的统一”并非为语文课程所独有，也就不能称之为语文课程的“基本特点”。时过境迁，20 年后的今天，再用“工具性与人文性”这样笼统的话语来讨论语文教学的具体问题——例如“教什么”“怎么教”，就流于空疏了。具体问题要具体分析。

卢军良：新课程从课程内容上来看已有很大变化，教学是不是就由此而有较大改观？现状并非如此。要指导学生把学到的东西内化为自己的东西，在前人的基础上有所借鉴和生发。无论是先秦诸子，还是后世文章，都是发出自己的声音。而现在我们基本就是思想观念大一统，形式一刀切。就作文来说，应该借助文本阅读，让学生真正理解前人是怎样基于生活，做出属于自己的思考，发出属于自己的声音的。教学中我们要引领学生关注现实，解决现实空间、时间里的问题。例如，我在作文教学中，注意引导学生一方面观察身边的日常生活，一方面了解社会热点问题，这是一个体验过程，有了这个体验过程学生作文就有话可说，在此基础上引导学生感悟，抒发自己独特的情感，阐发自己独特的看法。总之，阅读文本要透过文字解读体察到作者的人生状态、思想感情；作文要引导学生感悟生活。读文章要理解这篇文章是怎样写出来的，从中获得启示；做文章要从生活中获得感悟。无论读或写都是一个感悟过程，脱离这个过程都会流于形式。从切近语文课程本质的角度看，就是要重视语言表达与思想感情的辩证关系。

王鹏伟：卢军良老师谈到学习的“内化”，这个问题应该引起注意。高中课程方案的理论依据之一是建构主义，建构主义有这样一个观点，每个人的认知结构都是独特的，学习者在学习过程中除了使自己的认知结构得到完善和发展以外，将一无所获。也就是说，学习过程是学习者认知结构的发展过程，而不是获取知识的过程。这个观点可供参考。教学要从“学习者”的角度考虑问题。

回头看这个讨论，基本是各说各话。这也符合当时王老师给定的话题：“各位来自教学一线，目前你们各自关注或思考的语文教学问题是什么？从中筛选出一个，我们一起来探讨。”只是我们将大题目抛开，说了自己彼时关注的一部分。

其实，“教什么”和“怎么教”并不是一个范畴内的问题。譬如生活中吃什么，解决的是原材料问题；怎么吃，解决的是做法问题。回到语文课程建构，两个方面缺一不可，食粮上需要好材料，好材料也离不开合适的烹调，哪一个也不好决定最终的结果。

就课程资源而言，“教什么”是必须解决的上位问题。教材的不断改变，实际上就是在这方面进行探索。就课程实施而言，“怎么教”又是完善教学方式的核心问题，这种实践方面的探索，过去和现在都不曾间断过。而两者汇集到一处，都离不开观念的更深层次的转变。“教什么”取决于对语文学科的定位，很多时候，我们有一种泛语文的倾向，认为改变教材内容（课程结构的重要部分）就是在改变语文本身，其实语文无非是第一识字，第二书写，第三阅读，第四表达，至于阅读什么，表达什么，倒不好说全部是语文的事。得鱼忘筌，语文本身并不是鱼。这样说并不是要贬低语文，而是想说，语文并没有那么沉重，跟“铁肩担道义”比起来，语文至多不过是“妙手著文章”罢了。

历史上对同一个文本的不同阐释——这里含着许多语文的成分，可以带来不同的思想的流变和鼎新，这一点在儒道两家的思想传承与发展中已经表现得很明显。典型的如“春秋三传”，如“魏晋玄学”。如此看来，对文本的选择和阐释都相当重要。而囿于一些语文之外的因素，我们的选择观和阐释观都有待突破。语文课程建构还有很远的路要走，我们期待着它在一个日益开明的时代里早日走出更令人满意的路。

（本文部分内容原载《中学语文教学》2009 年第 4 期）

我对新课程改革的认识历程

一、新课程培训感言之一

近年来，人们一直不断追寻着适应时代的新的内容与方法。每次课改思潮一起，总是备受人们关注，它实在是同国人的命运息息相关。

课程改革不同于某些风吹雾散的政治思潮那样短命，也不像某些行政命令那样立竿见影。所以，课程的改革不可能一蹴而就。也不是吹一阵风就可以剔除旧迹，融进新生。唯其如此，在我们看到的和能够预见到的，课改将非常艰辛，任重而道远。

因其艰辛，更需硬干；因其任重，更需勇毅；因其道远，更需坚持。而要收获实绩，留芳泽于来日，必须有思想上的吐故纳新与行动上的孜孜以求。

人们对教学内容与教学模式的抱怨已不止一天了，但说新话走老路的状态也与抱怨一样长久。其间，不乏舍身求法者、勤心探索者，但更多是在技术层面。而真正的变革，当源于观念的扭转。

历史与现状令人忧虑，但维持下去也容易，循旧辙总比蹚新路要来得稳便，正因如此，我们的教学才落得一个不死不僵，似死似僵的地步。

人们可以找到千百个理由倾诉苦衷，但就改革课程而言，一个理由就够了：这可以令趋于陈腐、陷入老境的人精神一振，重新让僵死的生命焕发生机，放出光彩来。

为此，不能让思想的懒惰戕害课改。

接下来怎么做？学员们普遍的需求是实际操作层面的指导。种种困惑与担心是可以理解的，毕竟，现实的公众需求与课改的理想之间距离还很远。俗话说：做事不由东，累死也无功。而一个从事实际工作的人，他的东家恐怕不止一个。“东家”的需求和我们作为“打工者”（或称服务者）的诉求之间存在着许多不同。

怎么办？只有用行动来获得答案。要想使课程改革取得实绩，在每个人会遇到的各不相同的空间里，要凭着果敢和谨慎尽心实践。果敢者，努力革除旧弊，锐意而为；谨慎者，兼顾理想与现实，脚踏实地。

为此，决不能在课改中有名无实，无所作为。

所以，思想和行动是课改成功的两翼。

其实，课程改革是一个很大的工程，它绝不是一个学科的事情，也不仅仅是教师的事情。面对课改，我的忧虑很多，主要有三个方面：

1. 本次课改，我们在多大程度上调动了各个方面的因素？我们的许多课程，在施行过程中很繁复，我们的实际管理中，各自为政的现象仍普遍存在。没有明确的立法，是不是会使我们的课改缺少坚实的后盾？

2. 为了培养学生的综合能力，学校规定了较大比重的学分。如何能够使这些课程不流于形式，不被为了升学的各种具有明确功利性的目的所占用？如何抑制评价机制的滞后导致的课程实施中的扭曲？

3. 在各种改革中实际去做的人总是受到最多的指责，我们不愿意看到谁干活谁有错的结果。课程改革的成果自然会变成金片贴在更多人的脸上，但课程改革可能有的风险到底如何分担？

二、新课程培训感言之二

秋十月，来京参加国培研修，受益良多。

首先，本次讲座较为务实，培训专家的指导和引领多切合学科教学的实际，没有空洞的理论和空泛的议论。从扎实的实践中提升的思考，更具有一种厚重感和感召力。关注与教师自身发展和业务提升较为切近的问题，是新课程实施摆脱浮躁、日趋成熟的表现。新课程实施以来的培训，我经历了三个阶段：一是理论的狂轰滥炸，似乎过去的一切都是错的，仿佛都要重新来过；二是实践中，有许多对新课程质疑之声；三是现在又回归到对教学更为实际的探讨，给人一种踏实感。人们对课程及其实施的理性回归或许是新课程扎实迈进的标志，也意味着更踏实、更有成效的工作的开始。

其次，大家关注的问题更为微观。在宏观的框架基本确立、整体的方向已经明确的前提下，注重了具体问题的解决，投身实践过程的思考，是有益和有效的做法。无论是阅读方法的指导，写作规律的探讨，还是教学设计的规划，教学研究的开展，都能从实际问题出发，走一条从实践中来，到实践中去的合情顺理的道路。这为拨开迷雾、厘清思路提供了很好的借鉴。语文教学本应是多姿多彩的，同时又须遵循学科发展的规律。在这次培训中，这两个方面都得到了充分的关注，体现了语文教学在实践中的生动鲜活，在运用中的中规中矩。

第三，培训者意识增强，培训活动系统化、规范化。我在此次培训中不仅接受了培训，而且懂得了如何设计培训、组织培训，做一个合格的培训者。新课程更有效、更深入地开展，离不开不断地培训与强化；教育的区域平衡，均衡发展，也离不开连续不断的培训。此次获得的收益，对我作为培训者的素质提升有较全面的帮助，使我对培训的整个流程的设计、管理与实施，有了更深入的领会与认识。而对实现培训目标或个人发展的团队精神的实质及其意义的认识，更是我此次培训的又一个收获。在小组活动与讨论中，我充分领略了一人之智意味着什么，更清楚集团队众人之智意味着什么。在新课程实施中，团队精神正是使火种成燎原之势的东风。

学习仅十日，回味无穷，思考无穷，有这样一个开始，我期待着即将到来的令人愉快的过程与收获。

三、新课程培训感言之三

初冬，我到北京参加培训，4 日早离家，下午 3 点多报到，晚 6 点是开班仪式，培训正式开始。

这一次是以吉林省名师工作室主持人的身份来京学习，我关切最多的是观念和方法，学到了很多，印象较深的几点：越是基础性的学科统领性的概念就越少，要建立学科知识的“上位”理念，居高望远；要形成任务驱动机制，瞄准大目标，小步快走，随时调整，及时跟进；要帮助青年教师度过易出现职业倦怠的几个关键阶段，克服高原期；要形成一种框架，看别人看不到的具有研究价值的问题等等。

从讲座中，我领悟到作为一个工作室主持人应有的思考与作为；在具体的参与和交流中，我看到了几个工作室的工作开展情况，从中也有所感悟。

“一门学科的统领性观点”的话题对我的启发是专业领域的高站位审视，这对于名师工作室的主持工作很有帮助。对经验要进行学理分析，把握学科的本质和思想方法，这对提升专业认识具有重要的指导意义，并对专业领域产生推进作用。工作室主持人的能力应该是多方面的，其中对专业领域能不能高瞻远瞩决定了能否在学科领域内带动全体成员走得更高更远；同时，培养工作室成员不能只提供一般性的指导和示范，还要使其对学科的本质属性和思维方法有较深入的领会。

“通过研究课探索案例教学”是连接研究与实践的一个很好的纽带。运用得好，可以缩短学生与教材、学生与教师、理论与实际、学生与生活之间的距离。

“如何利用规则”的话题，使我进一步理解了一群人共同做一件事不等于一个团队在做一件事的理念。工作室的主持人应具有一种超越常规的做法。超越常规不是不合常规，而是将生活中可能有的正确、有效却尚未被发掘出来的方式方法进行挖掘，形成适合教育教学改进的工作室运行模式。

“青年教师培养”的话题，使我深刻认识到：归根结底，工作室主持人要引导、打造一支遵从教学规律，珍视教师培养，增进教学质量，提升教师品位的队伍。

关于“学科教学知识”的话题，启示我努力找到一个统摄性强的方法，选择主题要充分考虑我们在学科金字塔结构中的站位。

……

收获许多，但拥有了茧子，并不等于就能抽出丝来，还要不断整理、消化。

不管怎样，我在研修的同时，再一次受到了敬业崇德精神的洗礼。对那些一直努力在自己的园地中谦逊地、勤奋地、负责任地、有成效地工作着的人们，虽不能至，但心向往之，并以此来勉励自己，努力前行。

四、新课程培训感言之四

济南多泉。我在研修之余往护城河一带走一走，见黑虎、白石、琵琶等诸多名目的泉，有时三五步之间，即遇一泉。许多当地居民，喜滋滋地提壶挟桶，满足地汲之而去。

由此我想到教师，想到教师这一个职业。

教者如泉，厚积薄发：长久的蕴蓄，沉淀，挤压，寻路而涌，福泽一方，是为教师；教者如泉，千姿百态：不同的绽放，或豪涌，或轻吐，或浪奔，或凝贮，一任自然，是为教师；教者如泉，滔滔的，汩汩的，脉脉的，是为教师。

教者如泉，它有自己的深度和广度，有自己的脉络和姿态，有自己的追求和品格。期待如泉的教师，如泉的教育，期待人们用观泉的心看待教师，看待教育。

传记文作为高考文言文选文的局限

高考语文试卷的文言文阅读材料，这些年都是以传记文为主。这样做有一定的好处，如比较便于检测学生阅读浅易文言文的能力，便于根据试卷的长度对材料做取舍，便于使题型相对稳定等等。但传记文基本上一统天下，也有很多局限，是需要我们引起重视的。

从选文体裁看，只着意于这个看上去资源无限丰富的传记矿藏，其实这样的思维是有些单一的。历代正史中的传记体例基本是固定的。在文体的限制下，文学性方面存在很大差异。虽然有司马迁那样的如椽巨笔，但真正文质兼美的文字究竟还是少的，很多传记文中，文学的个性化表达常常是缺失的。出于命题的需要，对原文本的删节有时也是很大的，往往为了题目的需要而留下“有用”的信息，使得学生并不是在阅读文章，而是在阅读一段文言材料。长时间对着这样的面孔，是极易产生审美疲劳的，何况在很多情况下并无美可审。绝大多数的高中生出于备考的原因，要读若干段这样的文字，很容易形成阅读和审美的惰性。

从选文的立意看，传记文本留给人更多的是孝子忠臣的节义，不足以代表广阔的文化视角。语言是思想的载体，弘扬儒家传统美德，是无可厚非的。但是，我们丰富的文化遗产中，“为帝王将相作家谱的所谓的‘正史’”（鲁迅语）文章，也只是有限的一部分。经史子集浩如烟海，如果只盯住传记文，在传承上未免狭隘。如果说学会阅读浅易文言文是高中阶段的一个目标，那么，除了传记文之外，学生需要阅读的面应该更广阔。毕竟，学生的未来发展是多方面的，如果涉及古籍文献的参照，传记文只能算是其中有限的一部分。为数众多的学生文言文阅读得着高分，却读不通不同领域中文字并不高深的史料，这与他们阅读面的单一不无关系。而更令人担忧的是，阅读的单一，会带来思想的单一。

传记文独占高考文言文阅读板块，具有时间上的长度和地域上的广度，每年的高考试卷中，突破这一局面的很少。能够有所突破确实是可贵的。突破传记文阅读的尝试本身，就启示我们，守着传记文阅读而不有所变化，也是一种艺术审美和思想观念上具有惰性的表现。

“说课”，呵呵呵……

说课者，即说一说一节课的设计及设计的理由。因为不是新鲜事，也就早有了大体的套路：说教材，说课标，说学生，说目标，说过程，说作业等。每个人对内容的增减如同喜欢不同款式的着装，裁剪上略有差异，但整体是无太大分别的。说课并不能作为评价讲课水平高低的充分依据，但蓝图常常是实践的前提。

听过一些精彩的说课，从中窥见很多门径，也遇到一些不能苟同之处，常引起警惕和反思。现将后者撮要列举，期与同行探讨。

1. 理念标签化。

“自主”“合作”“探究”等词语成了贴在说课稿中的标签。三者被频频提及，又几乎都在一节课的设计中联袂出场，更像是设计者的一种“表态”，而不是学习方式的忠实体现。

2. 教学目标烦琐。

众多教学目标，必见“三维”，三维之下，又一二三。六个以上教学目标，如何于一节课实现？

3. 小视学生现象泛滥。

许多人介绍所教的学生，将基础薄弱、素质低等评价挂在口头，做无奈状。如果我们能够基于学生的实际情况确立合适的学与教的起点，何需责备学生呢！

4. 幻灯成“患”。

某些课件，它的作用之一就是将学生带出课文，这是令人担忧的。电视剧片段或一系列的图片对于理解几行诗文的意义，我总觉得不够。面对文字，不同的人会有不同的想象，而固定的影像和图片只能提供一种浅表的印象。这方面需要静下心来思考的地方还有很多。

“看花容易绣花难”，本是不易的道理，我们看到人家的破绽时，自己也未必就不露怯。最好的办法是，如同没有镜子的时候，互相看一看，指出彼此梳洗之后的不足。

课堂：应由“约而精”到“博而深”

——评印春芳的《渔家傲》教学设计

设计者想教什么，想怎么教，这是我面对一个教学设计所关注的核心问题。围绕这两个方面，谈谈我对印春芳老师《渔家傲》教学设计的看法。

第一个问题——教什么。

语文教学就应该是感性的。这个设计侧重“感受”和“体会”，着眼于形象和情感，切中诗词教学之的，也符合语文教学的普遍认识规律。

同时我也注意到一个普遍现象在这个设计中的重现。为数众多的教学设计中，常见三个以上的目标，呈现出虚实结合的形态，个人认为是未必可取的。在初中教学的一节课中，能切实完成“感受词中意境，体会作者矛盾复杂的情感”这一个目标足矣。从三个教学目标的表述看，透彻地完成了这个目标，也就完成了后面的两个目标。“在比较阅读中进一步分析‘穷塞主’中‘穷’字背后的复杂情绪”，“以写促思，让诗词特有的情感滋养丰富心灵”。

这样的情况恐怕是存在的：目标越集中，教学就越容易深入文本，散点式教学目标的设定，某种程度会是蜻蜓点水。

第二个问题——怎么教。

印老师所拟用“反复朗读”“比较阅读”和“以写促思”的方法，体现了循序渐进的特点，实践起来较具可行性，设计的“走进——感受”“品味——欣赏”“改写——理解”三个环节，由易到难，由此及彼，由读而思，体现了印老师对认识规律的尊重和关注个性发展、整体提高、知行结合的教学观。

但个人以为，这些教学环节实施起来有些缭乱，每一环节又不易有显著的实效。如果簡约一些，以教者的约而精，达学者的博而深，是不是可以更好些？

比如播放钢琴曲。学生的生活中积淀了许多对秋的感知，而《秋日私语》在此处所起的作用，更多是引发还是限制？如果取而代之让学生就音、形、色、境等方面谈对秋的感受，是不是更能调动学生的认识储备。

再如与《凉州词》比较环节。学生通过阅读或搜集，有能力涉猎一些边塞诗词。如果让学生在相对个性化的阅读中自行比较、交流，拓展探究是不是可以更开放？阅读中很可能涉及《凉州词》，而且《凉州词》不能替代众多描写边塞的作品。

又如“改写”的环节。有课堂的分析、教者的“适当引导”，再加上“拓展资料”，又限定了主题，留给学生的，除了语言，还有什么？如果换成“范仲淹，我想对你说”，是不是能引出更具个性化的表达？

这里主张“约而精”，就是提倡一节课的教学目标和教学环节删繁就简，减少枝蔓，以便引导学生充分深入文本。博而深，就是放开阅读的手脚，让学生在博学多览中体味诗文的异中之同与同中之异，从而深入地领会，形成新鲜独到的见解，从阅读与课堂中获得更多的乐趣。

同时，期望学生的“博而深”，要紧的是不要牵着学生走。教师要如一个牧者，不是指给牛羊草在哪里，而是将牛羊带入丰茂的草场，任其徜徉。

（原载《中学语文教学》2011 年第 8 期）

语文课要关注在感性中培植理性

——评师延峰的《那树》教学设计

师延峰老师与众不同的创意带给人新鲜的感受。从“无用”“大用”的角度进入对课文的解读，整个教学设计的立意是新颖的；教学过程的主体围绕着是否“有用”展开，在一个自足的框架里，尝试着完成一种不拘常态的解读，是可贵的；设计思想中提到了“生态批评理论”，教学过程的演示文稿里援引了《诗经·鹤鸣》、谢肇淛《五杂俎》的语句，以及李渔对树的评价，以尹芳《树的神话的象征意义及其心理分析探索》中的几行文字，阐发和佐证树的象征性，这对理解文章主旨是有益的（虽然我并不认为很有必要）。应该说，师延峰老师的整个教学设计是很注重人文精神的。

我是很赞同借助语文教学培植人文精神的。但人文精神的培植，需要下很多润物无声、潜移默化的功夫，对于初中语文教学，我更倾向于在感性中培植理性的做法。现就这个设计谈几点自己的想法。

第一，教学目标的设置要充分找寻课文和学生认知的结合点。

这个设计中的三个目标，“感受诗意”“体味诗意被屠戮后的悲情”，追寻“诗意旨归”，都着眼于诗意；教学过程（三）“曾经有用”部分都辐辏于“诗意”。这里的“诗意”太浓了。教学目标不等同于教学目的，正是一个个教学目的的完成，最终指向教学目标的实现。学习《那树》一文，有感情地朗读是必要的，可通过轻重、缓急、爱憎等的不同变化，充分感知和体味作者的思想感情，而这种感情既关乎诗意的有无又远不只于此。

第二，课堂问题的设置要指向对课文的深入研读。

教学过程（二）“不再有用”部分的几个问题，比较浅显，也不能涵盖“不再有用”的全部。“树＝木＋对：树是对的”这样一个表述，也显得随意。理性蕴含在感性之中，或者说思想隐藏在语言的背后。对语言的品味很重要，像书后“研讨与练习”中品味语言的题目就很好，可适当拓展，对类似的语句做细致的推敲，引导学生体味话外之音，言外之旨。

第三，在象征意义的探讨中要留给阅读理解更大的空间。

阅读所得很可能并不就是作者的本意，但总是更丰富的。对这篇文章象征意义的探寻，可以有作者本意之外的种种生发。稍一引导，学生是不难由此及彼，神思活跃地探讨出树的象征意义的。可以是一种渐去渐远的生态，是一个娴雅的传统，抑或是一种诗意的生活，一份疏放的心灵？诸如此类，可以通过有树和无树的比较，引导学生体会树存在的多重价值及树消失引起的多重缺失。

教学设计并不就是课堂直播，一定有许多具体的环节和细节没有呈现在其中，也是无法顾及的。以上所说也只是借题发挥，恰当与否，请师延峰老师及同行们指正。

（原载《中学语文教学》2012 年第 7 期）

课堂教学要精心规划

会当水击三千里

——《毛泽东诗词二首》教学设计

【课前准备】

阅读并背诵这首词。

【教学目标】

1. 背诵《沁园春·长沙》。
2. 能说出一两点阅读毛泽东诗词后的启示。

【课时安排】

1 课时。

【教学过程】

一、导入新课

同学们结束了初中的学习生活，站在高中的门槛前，经历了 13 岁、16 岁这两个人生中美好而有纪念意义的年龄。大家有没有畅想过，自己未来的人生是什么样的呢？该以怎样的精神和意志在生命的历程中留下浓墨重彩的一笔呢？这节课，我们来阅读几首毛泽东的诗（词），看看一代伟人是如何面对人生的。

“会当水击三千里”是毛泽东青年时写的一首词中的一句话。从这句话中，可以看到毛泽东的气魄。这位中国人民的领袖，一生中写下多首充满壮志豪情的诗（词）。不过，对于伟人，我们要敬仰，同时也要懂得，他们和我们一样，从一个小孩儿成长为一个大人。他们首先是一个平凡人，然后才是一位伟人。

毛泽东 13 岁开始帮父亲做农活，打点生意，结束了自 8 岁以来的私塾学习。在他父亲看来，孩子会算账，做生意不被欺骗，就满意了。忽然有一天，16 岁的毛泽东对父亲说：“我要到东山高小读书。”父亲很吃惊，不同意，不出学费，但毛泽东还是毅然决然地离开了家乡，从此进入新式学堂。毛泽东离开家乡时，曾写诗明志：“孩儿立志出乡关，学不成名誓不还。埋骨何须桑梓地，人生何处不青山。”

二、开启新课

一个人只有志向还不够，还需用整个生命去打拼和奋争。以下几首诗（词），写于不同历史时期，从中我们可以看到作者为革命，为人民的幸福生活而做出的不懈追求与努力。

1.《沁园春·长沙》。（1925 年）

作品写于革命与反动势力的纠缠中，此年后，毛泽东开始了教育和发动群众，以农村包围城市，取得最后胜利的伟大实践。

2.《采桑子·重阳》。（1929 年秋）

这一年毛泽东的妹妹被反动派杀害，自己与妻儿不得相聚，患了疟疾，重阳时节初愈。

3.《七律·长征》。（1935 年）

这时，红军历尽艰险，长征会师。

4.《浪淘沙·北戴河》。（1954 年）

作品写于社会主义建设时期，这首词最早发表在《诗刊》1957 年 1 月号。

三、转入重点

1. 简析《沁园春 · 长沙》，了解即景抒情的文思，忆旧明志的情理。

《沁园春 · 长沙》作于 1925 年。当时，毛泽东去广州主持农民运动讲习所，在长沙停留，于深秋时节重游橘子洲，写下了这首词。

这首词分为上、下两片。上片重写景，描绘了美丽壮观的湘江的深秋景色，并且即景抒情，提出了荣枯兴衰由谁来主宰的问题。下片重抒情，通过回忆，形象地概括了二十世纪二三十年代进步青年的特征：以天下为己任，有着肩负国家兴亡、主宰民族命运的壮志豪情。同时艺术地回答了“谁主沉浮”这一问题。

这首词一扫旧诗词里的那种肃杀、感伤的“悲秋”情调，作者笔下的秋景充满生命的活力。对壮丽山河的描写，不仅抒发了作者热爱祖国的感情，也表现出了作者主宰山河的壮志。

2. 诵读引领。

读诗词要有明显的节奏感，无节奏感的朗读不仅索然无味，而且很难表达出诗词的思想感情。诗词中的节奏，在朗读时主要是通过语调中的停顿来表现的。停顿是指语句或词语之间声音上的间歇。在诗歌里，特别是古典诗词中，每一行有几个停顿，每个停顿包括几个音节，都是有规律的。我们把这种停顿也称为节拍。诗词的节拍，大多是两个字为一拍，遇到五、七、九这样的单数句，又大多最后一字或倒数第三个字为一拍，但起引领作用的字，必须一字为一拍。如《沁园春 · 长沙》，可以按照如下的节奏划分：

独立／寒秋，湘江／北去，橘子洲／头。看／万山／红遍，层林／尽染；漫江／碧透，百舸／争流。鹰击／长空，鱼翔／浅底，万类／霜天／竞／自由。怅／寥廓，问／苍茫／大地，谁主／沉浮？

携来／百侣／曾游，忆／往昔／峥嵘／岁月稠。恰／同学／少年，风华／正茂；书生／意气，挥斥／方遒。指点／江山，激扬／文字，粪土／当年／万户侯。曾／记否，到／中流／击水，浪遏／飞舟？

3. 课堂小结。

四、布置作业

继续巩固《沁园春 · 长沙》一词的背诵；课后三首诗词中，任选一首背诵。

《故都的秋》教学简案

【教学设想】

新课程中的文学作品阅读，倡导通过“感受形象，品味语言”“领悟作品的丰富内涵，体会其艺术表现力”，达到“陶冶性情，涵养心灵”的目的。同时，在课堂教学中倡导自主、合作、探究的学习方式。基于此，教者应致力通过点拨引领、自主发现、合作品评、探究提升的教学过程，帮助学生缘景明情，培养鉴赏的兴趣和能力，促进学生“对作品中形象和情感的整体感知与把握”，从而体会作品精巧独特的艺术构思和优美隽永的语言，进入一种审美境界，引发对自然及人生的真切感受和深刻思考。

【教学目标】

1. 通过朗读和景物描写的赏析，了解郁达夫的语言风格。
2. 通过对语言的品味，体会作者的思想情感。

【重点难点】

重点：朗读、品味语言；学习以情寓景、以景显情的表现手法。
难点：通过对语言的品味，体会文章的思想感情。

【教学方法】

点拨法、讨论法。

【课时安排】

1 课时。

【教学过程】

一、导入新课

德国古典美学的集大成者黑格尔说过："在艺术里，感性的东西是经过心灵化了，而心灵的东西也借感性化而显现出来了。"现代著名作家郁达夫的抒情散文名篇《故都的秋》，正是遵循这个艺术规律的鲜明例证。

这节课，让我们通过对这篇名作的学习，品味一下，一个在外漂泊的赤子，在故都的秋中找到了怎样的心灵对应物。

二、整体感知

1. 梳理文章于起承转合中形成的独特艺术构思。

深情向往（起）→细心品味（承）→高度赞美（转）→无限眷恋（合）

2. 归纳文章以情寓景、以景显情的表现手法。

清、静、悲凉（情）——秋的味，秋的色，秋的意境与姿态（景）

三、品读鉴赏

1. 缘景明情。

（1）为了体现故都的秋味，作者选取了哪些景物？（注意行文的过渡和联系。）

（2）作者在文中不止一次地提到"秋味"，还说北方的秋雨下得有味，外国田园诗和四季诗里关于秋的文字写得最出色最有味，看来"有味"是郁达夫给秋的一个很高的评价。请结合文章描绘的几个画面，品味一下故都的秋味是怎样的，作者的心情又是怎样的？

（3）故都的秋景多种多样，作者为何只选取上述秋景描绘呢？试从主客观两个方面分析。

客观上，这是景物本身固有的特点，是北京秋天的自然景象；主观上，是作家个人的善感气质，旧中国时代的抑郁环境，作家的文艺观和审美追求使然。

2. 诵读指导。

本文感情浓厚，意味隽永，文辞优美，诵读时宜慢不宜快，认真体会景物描写所蕴含的思想感情。作者直接抒怀部分要读得意味深长，准确表达出作者的心境。

四、探究"深味"

文中说："可是这秋的深味，尤其是中国的秋的深味，非要在北方，才感受得到底。"根据上面的分析，结合作者这一段的议论，你认为秋的“深味”是什么？

五、课堂小结

【板书设计】

故都的秋

郁达夫

起——深情向往	清、静、悲凉——情
承——细心品味	(以情寓景，以景显情)
转——高度赞美	
合——无限眷恋	秋的味，秋的色，秋的意境与姿态——景

《祝福》教学设计

【教学目标】

1. 通过对作品的研读与探究，学习通过人物形象分析把握小说主题的方法。
2. 通过对人物命运的考察，认识《祝福》的思想价值。

【重点难点】

1. 重点：通过对作品的研读与探究，学习通过人物形象分析把握小说主题的方法。
2. 难点：通过对人物命运的考察，认识《祝福》的思想价值。

【教学方法】

讨论法。

【课时安排】

1 课时。

【教学过程】

一、导入课文

1. 同学们都熟悉关于鲁迅的一个经典的评价：文学家、思想家、革命家。文学家的鲁迅我们并不陌生，我们学过他的一些小说和散文。作为思想家，鲁迅有哪些思想，请同学们来说一说。

明确：改造国民性等。

2. 在小说中，作者的思想和情感是通过他笔下的故事和人物传达给读者的。这节课，我们通过对《祝福》的学习，一同领略在风雨如磐的时代里，鲁迅先生的所思所感，一同走进先生那沉郁而充满人道关怀的心灵。

二、课文研读

在《祝福》中，鲁迅为我们讲述了祥林嫂的故事。在祥林嫂两次来鲁镇的过程中，“我”是故事的知情者和讲述者。

（一）围绕祥林嫂第一次来鲁镇，认识封建夫权、族权和政权对祥林嫂的迫害

1. 祥林嫂第一次来鲁镇是因为什么？（逃婚）

2. 对祥林嫂逃婚这件事，你怎么看？

3. 对婆婆卖掉祥林嫂，当时其他人怎么看？（四婶、四叔、卫老婆子）

4. 从后来的故事中我们知道，祥林嫂一心求死，拼命撞在香案上。“撞香案”这一行为说明了什么？（探讨祥林嫂自已怎么看）

小结：按旧礼教，女子“饿死事小，失节事大”，要“从一而终”，不得再嫁。夫权，要祥林嫂守节；她婆婆凭着族权的威势，不但把她像逃犯一样抓回去，而且逼她嫁到深山野坳里。族权，不允许祥林嫂守节；祥林嫂再嫁虽非自愿，但毕竟是再嫁了，就是“不守节”。“不守节”就是大逆不道，罪孽深重，就要受到惩罚。政权要惩罚祥林嫂“不守节”。

（二）围绕祥林嫂第二次来鲁镇，进一步认识封建政权及神权对祥林嫂的迫害（精神）

1. 祥林嫂是在什么情况下再一次到鲁镇的？

2. 跟第一次相比，这一次她没有改变的是什么？与前一次有所不同的是什么？

3. 为什么会有这样的变化？

4. 这种变化体现在哪些方面？

5. 丧子之痛对一个母亲来说，最哀伤不过了。但她还没有彻底崩溃。是什么使她变得恐

惧起来？

6. 书中有这样一个细节，祥林嫂在捐了门槛之后，“神气很舒畅，眼光也分外有神”，照此下去，她的生活有可能发生转机吗？

小结：柳妈因受了封建迷信思想的影响和毒害，无意之中成了统治者的帮凶，她那有关“阴司”的话，使祥林嫂在精神上蒙受极大的压力。而地主阶级的代表“鲁四老爷”，是政权的化身，他支持或利用其他三种权力逼害祥林嫂。

封建的绳索有如千斤铁链，紧紧地捆缚着祥林嫂、戕害着祥林嫂：夫权要她守节，族权不允许她守节，政权和神权又惩罚她的“不守节”。这深入骨髓的苦楚，使祥林嫂求生不得，求死不能。

三、问题探究

1. 在夏衍改编的电影《祝福》中，出现了祥林嫂怒奔寺庙砍门槛的情节，请看视频，说说你对这个情节的看法。（播放视频）

2. 有一个奇怪的现象，婆婆拿去了祥林嫂的工钱，卖她娶儿媳，又赚钱，并没受到人们的谴责，鲁四老爷看她“善于应酬”，卫老婆子夸她“精明能干”，看来阎王并不惩罚这样的人，而对苦命的祥林嫂却不放过。对这种现象，同学们怎么看？

本节总结：那个社会生活着一群愚昧、麻木的国民，像祥林嫂这样勤劳、善良、温顺的人，却没有活路。一个令勤劳、善良、温顺的人没有活路的社会，也就黑暗、反动到了极点，没有存在的价值。于此，可见鲁迅先生革除旧弊、迎接新生的强烈愿望。

四、布置作业

课外阅读鲁迅《彷徨》中《离婚》《伤逝》两篇小说。

【板书设计】

祝　福

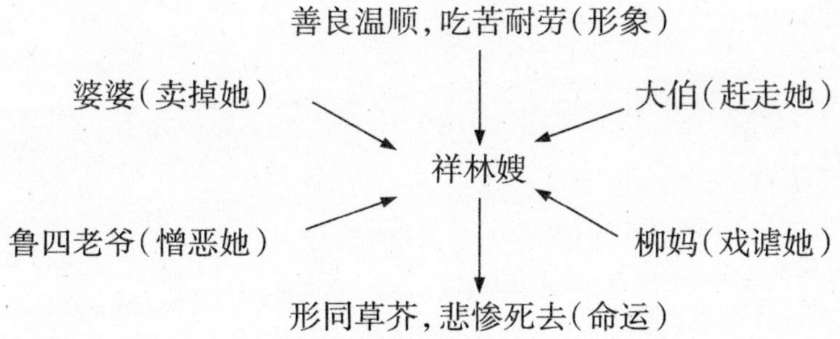

要么维持这吃人的礼教，任其愚妄与凶残；

要么推翻这罪恶的存在，寻一条生存之路。

设计说明：这里提供的是讲授《祝福》第 1 课时的板书设计。

课文分两课时讲授：第 1 课时通过认识在物形象引导学生理解小说的主题；第 2 课时从文学的角度探讨鲁迅的艺术构思与表达。

在这篇课文的教学中，我力图使学生通过文本的阅读，增进学生对鲁迅作为一个思想家和文学家的认识，并进而体会鲁迅先生革命精神的深刻性和彻底性。这个板书旨在凸显鲁迅先生观察的全面，人物塑造的典型及主题的深刻。

《雷雨》（节选）教学设计

【教学目标】

1. 熟悉戏剧常识；了解《雷雨》的故事情节及人物之间的矛盾纠葛，整体感知作品。
2. 品味选文台词，揣摩特定场合下人物的声情举动，深入认识戏剧冲突，把握剧中形象。
3. 点评剧中人物，辨析悲剧的性质及成因，增强对社会、人生的理性认识。

【重点难点】

1. 重点：戏剧语言的鉴赏。
2. 难点：人物性格的剖析。

【教学方法】

导读法、点拨法、讨论法。

【课时安排】

3 课时。

【教学思路】

一、温故知新，预而立

课前指导学生阅读《雷雨》原著，了解作家作品，温习戏剧常识，为研习新课做准备。指导学生阅读指定版本的纸质书籍或电子书，了解戏剧的概念、种类、要素和语言特点，关注戏剧的结构和特点，把握《雷雨》的戏剧情节及不同人物的相互关联，写一则阅读感言。

二、交流梳理，整体把握

学生在初中已经接触过戏剧，对戏剧常识有一定了解与认识，本课为学生的课前学习提供一个交流的平台，借此梳理戏剧的一般性常识，并以选文为例，对其加以部分的印证。这个过程也是深入理解文本的过程。

1. 明确戏剧作为一种综合性舞台艺术的整体特征；根据对戏剧种类的认识，明确《雷雨》为现代多幕话剧。

2. 明确人物台词、舞台说明、戏剧冲突几大要素各自的作用及相互间的关系；理出选文部分的戏剧冲突。

3. 请学生列出《雷雨》的人物关系图，有不当之处由学生订正。

4. 请学生概括出《雷雨》的故事情节，有不完善的地方由学生补充。

5. 由学生提出，师生共同讨论预习本课时遇到的疑难。

6. 小结本课。明确下一课研习的内容。

三、研习文本，因声悟情

1. 品味台词，结合文本体会戏剧语言的特色，深入体会人物言行与人物内心世界的关系；透过人物对话层面，深入认识戏剧冲突。

这一部分是本课的中心，以节选的第一场为例，侧重鉴赏，由表及里地完成对戏剧语言和戏剧冲突的深入领会。

教师示范，几处经典台词的鉴赏由学生合作完成。

2. 学生品读，教师点拨，总结鉴赏戏剧人物语言的要领。

（1）揣摩个性化语言，把握“这一个”人物独一无二的特性。

（2）体味潜台词的言外之意，弦外之音。

（3）通过表情、动作等细节，深入准确地把握人物的心理。

（4）联系上下文语境，体察对话中人物思想的微妙变化。

（5）体会特殊语言表现形式下的特殊情感。

（6）懂得具有民族特色的语言所表现出的民族心理特征。

……

3. 用幻灯片演示话剧《雷雨》中与本课有关的片段。

4. 师生共同总结“好”的表演应具备的要素：

（1）要进入角色，表演时与剧中人物“同呼吸，共命运”。

（2）依据情节需要把握好语调高低、声音大小、语速快慢等因素。

（3）恰当地“留白”，会起到“此时无声胜有声”的效果。

……

5. 小结本课。明确下一课的内容。

四、粉墨登场，活色生香

1. 学生分组表演。

2. 师生评议。

五、探讨悲剧，感悟人生

1. 对《雷雨（节选）》中周朴园和鲁侍萍两个人物做出整体评价。

2.《雷雨》是一部悲剧，它是命运的悲剧，性格的悲剧，还是生存的悲剧？试结合全剧谈谈你的认识。

3.《雷雨》这部作品给你带来哪些启示？

六、全文总结

【思路解说】

以上删繁就简地介绍了教学本课的整体构想，下面结合我对语文教学的认识，说明一下上述教学设计的思路。

1. 第一个认识：语文教学应是开放与约束的辩证统一。

所谓开放，就是还学生一个自主、丰富的课堂。无论是课上还是课下，我们都要给学生提供一个可以自由驰骋的天地，使他们在这个天地里各取所需，实现学习的最大满足。所谓约束，就是施教者在有时可能是杂乱的积累、认识中帮助学生理出头绪，使他们认知网中千百个“目”，有一个清晰的“纲”。

高中学生完全有能力收集和整理信息，教师放手让学生自主学习，既能增强学生的主动性，又能满足学生的个性需要。如戏剧常识，学生经过初中的学习，都或多或少了解一些；通过查阅材料，会对戏剧有更多的认识。但这些认识如不与实际的文本连接，就变成了孤零零的点，时间久了就会从记忆中淡化。教师引导学生在作品的阅读中去认识，就会有感受，也会印象深刻。再如剧本中的人物关系和戏剧冲突等，学生读了作品会很自然地捕捉和思考，如果教师在学生认识并不全面的基础上生硬地塞给他，就违背了认知的规律。

语文教学譬如张网捕鱼，教师指导学生结一张网，并且指导他如何穿一条收网的绳子，织网的过程是开放，穿绳的过程是约束。

基于此，在上课之前，指导学生阅读什么，关注什么，就可以给他们提供一个方向和空间。对有精力和能力更强的同学，还可以做个性化的阅读指导，比如有的学生对《雷雨》已经很熟悉，就指导他拓展阅读范围，做些深入阅读、比较阅读，或者将关于作品的一些悬而未决的问题，交给他去探究。

这样做的好处是学生先行走进文本，避免被教师拖带着学习，有益于增强学习的积极性和主动性。

2. 第二个认识：教材是化整为零，教教材要化零为整。

面对一个教学文本，我先想到的是怎样使学生对文本有一个整体的感知。对于节选的篇目，这一点也许更重要。把握得好，可以窥一斑而见全豹；反之，则可能支离破碎，只剩些散乱的斑点。

曹禺是大家，《雷雨》是名篇。对于很少接触话剧的当代学生，帮助他们通过这一课的学习对话剧有更多的了解和认识很有必要。

首先是整体了解作家和作品。阅读《雷雨》剧本的平均时间不超过两个小时，不会给学生带来课外负担，阅读相关的作家介绍与对作品的评价，也有助于学生对作品的深入思考。如果学生只看到了这一个“点”而不能有一个“面”的观照，就不足以建立起对戏剧的概要把握。在四大文学样式中，戏剧是学生接触最少的，而实际的视听媒介中舞台表演艺术又是接触最多的，多了解一些戏剧，对提高学生的鉴赏评价能力无疑是很切合生活实际的。

其次是整体感知选文。借助这个文本，要帮助学生对戏剧（话剧）有一个较全面的了解和认识。同时，借助这个文本，也要对戏剧语言有一个深刻的理解。就《雷雨》来说，在学生那里它是一个故事，“知其然”层面很容易达到；而《雷雨》是一个“好”故事，要达到“知其所以然”的层面，就离不开教师的引领和指导。相比其他戏剧要素，品味个性化和富有动作性的人物语言显得尤为重要，语文课本来就要注意语言的涵泳，而戏剧语言又是十分耐人寻味的，明确了这一点，对把握尖锐集中的戏剧冲突，认识剧中人物的命运，了解人物性格，把握矛盾冲突的发展、变化，都具有不能替代的作用。

基于这种认识，我将鉴赏戏剧语言作为学习的重点，试图借助语言层面的突破，增强学生对戏剧深层内涵的领悟。

3. 第三个认识：一节课如一篇文章，要有一个集中而明确的主题。

我很愿意遵循这样一个原则：不教给学生一些他不能理解的知识。要引导学生先自行觅食、消化，这样就有必要培养一个更健全、更有吸收力的胃，要有精约的指导，要做到要言不烦，一语中的，要让一节课简约而有效果，使每一节课都有一个集中而明确的主题。

上述三节课，第一节的主题是“认识戏剧，整体把握《雷雨》”；第二节的主题是“把握要领，学会鉴赏”；第三节的主题是“感悟悲剧，启迪人生”。

以第二节的教学设计为例，作为取得巨大成功的“一次话剧民族化、群众化的初步的尝试”（田本相语），《雷雨》的戏剧语言，充分体现了民族化、群众化的特色，而这正是我们理解、鉴赏、应用民族语言的优秀范例。将“鉴赏戏剧语言”作为这节课的中心和重点，可以掌握一把通向民族语言殿堂的钥匙，进而掌握一把通向曹禺戏剧殿堂的钥匙。

再以第三节的主题为例，这个设计是期望着学生学习之后能得到一种精神的滋养。有人谈曹禺的创作时说：“真正吸引他的，不仅是情节本身的曲折性，而且是在这曲折背后所隐藏着的‘人’的生命形态，或者说，他是自觉地把自己的生命体验与认识注入多少有些现成的‘情节’中的。”而从阅读的接受心理来说，我们也有必要引导学生认识那“曲折背后所隐藏着的‘人’的生命形态”，完成一种生命的体验。这应该是语文教学能够承担也应该承担的。

一节课的主题集中，既有利于开放中的约束，又有利于规范后的提升，这是保证课堂效率的关键。

（原载《语文教学通讯》2010 年第 7 期）

《辛弃疾词两首》教学设计

【课前准备】

1. 结合注释明确两首词的内容，背诵两首词。
2. 查找资料，了解辛弃疾及其生活的时代。

【教学目标】

1. 通过诵读引领和自主赏析，体会词作的思想感情。
2. 探讨用典在表达中的作用，并能就诗词用典发表自己的见解。
3. 能有感情地朗诵。

【教学重点】

1. 体会词作的风格和情感。
2. 能有感情地朗读。

【教学难点】

理解词中的用典。

【课时安排】

1 课时。

【教学过程】

一、检查课前准备情况

1. 检查学生背诵情况。
2. 了解学生对作者及其时代的认知情况。教师做适当补充。

辛弃疾生活的时代背景：

1127年，靖康之变后，偏安一隅的南宋只保留着长江中下游的部分土地。宋金开始了长期对峙。靖康之变时，辛弃疾的祖父，因为家族庞大，没有跟着朝廷南渡。1140年，辛弃疾出生时，他的家乡正受着金人的统治。这一年，陆游正是15岁的翩翩少年，著名词人李清照已56岁，按照现在女性的工作年龄，已经退休一年了。1142年，抗金名将岳飞被害死在风波亭。

到了1161年，金主完颜亮去世，金朝统治区的义军突起，辛弃疾投身抗金队伍，几年之后，23岁的辛弃疾带领一万军队投奔朝廷。可是，朝廷的主和势力很强大，安于暂时的太平，不想与敌人争锋，即使有主战势力占上风的时候，因为辛弃疾是北方人，对他又有所猜忌，所以，辛弃疾历任湖北、江西、湖南、福建、浙东等地官员，一生力主抗金，但一生抱负始终不能施展。因此，他的许多作品中常流露出一种渴望收复失地又报国无门的感慨，《宋史》说他："雅善长短句，悲壮激烈。"

二、深入领会诗人情意

1.《水龙吟·登建康赏心亭》。

上片赏析：

这首词写于1174年，词人34岁，在江东安抚司参议官任上。一说作于1168年—1170年间，词人时已而立之年，在建康通判任上。题为《登建康赏心亭》，登高赏景，抒发情志，是应有之义。

楚天千里清秋，水随天去秋无际。

（登临纵目，江天辽阔）（览江山，书愁绪）

遥岑远目，献愁供恨，玉簪螺髻。

（移情于物。"以我观物，则物皆着我之色彩。"）

落日楼头，断鸿声里，江南游子。

（三个短语，一幅画面）

把吴钩看了，栏杆拍遍，无人会，登临意。

（动作细节见心性）

下片赏析：

比起上片来，下片在理解上就要更用心思。因为这里用了几个典故，不了解典故，就不能理解作者的情怀。

休说鲈鱼堪脍，尽西风，季鹰归未？

（张翰）

求田问舍，怕应羞见，刘郎才气。

（刘备）

可惜流年，忧愁风雨，树犹如此！

（桓温）（惜流年，悲不遇）

倩何人唤取，红巾翠袖，揾英雄泪？

2.《永遇乐·京口北固亭怀古》。

这首词作于1205年，词人66岁，在镇江知府任上。

千古江山，英雄无觅孙仲谋处。

（孙权）（悼英雄）

舞榭歌台，风流总被雨打风吹去。

斜阳草树，寻常巷陌，人道寄奴曾住。

（刘裕）

想当年，金戈铁马，气吞万里如虎。

元嘉草草，封狼居胥，赢得仓皇北顾。

（刘义隆）（刺时政）

四十三年，望中犹记，烽火扬州路。

可堪回首，佛狸祠下，一片神鸦社鼓。

（拓跋焘）（感世情）

凭谁问：廉颇老矣，尚能饭否？

（廉颇）（叹不用）

三、小结《辛弃疾词两首》的思想感情

四、辛弃疾词中的用典

1. 这两首词的思想感情就是上面说到的。在形式上，两首词都表现为长于用典。关于用典，刘勰认为他可以“据事以类义，援古以证今”。（《文心雕龙》）

同学们可以结合这两首词谈一谈，用典有什么好处。

明确：用典可以以古比今，以古证今，借古抒怀。起到了笔墨经济，词句典雅，表意委婉，内涵丰富之效。

2. 关于辛弃疾词中的用典，人们也各有自己的看法。

稼轩驱使《庄》《骚》、经、史，无一点斧凿痕，笔力甚峭。

——楼敬思

放翁、稼轩，一扫纤艳，不事斧凿，词则高矣；但时时掉书袋，固是一病。

——刘潜夫

稼轩守南徐日，每开宴，必令侍姬歌所作词，特好歌《贺新郎》，自诵其中警句："我见青山多妩媚，料青山见我应如是"与"不恨古人吾不见，恨古人不见吾狂耳"。故问坐客："何如？"既而作《永遇乐》"千古江山，英雄无觅孙仲谋处"，特置酒招客，使妓按歌，自击节。遍问客，必使摘其疵。客多逊谢"不可"，或措一二语，不契，又弗答。相台岳珂，时年最少，率然对曰："童子何知，而敢有议？必欲如范希文以千金求《严陵记》一字之易，则晚进窃有议也。"稼轩促席使毕其说。珂曰："前篇豪视一世，独前后二警句差相似（意谓重复），新作微觉用事多（意谓掉书袋）耳。"稼轩大喜，酌酒谓座中曰："大夫也，实中予古痼。"乃改其语，日数十易，累月未竟。

——《古今词话》

3. 同学们对此有什么见解呢？请各抒己见。

五、课堂小结

特定的情感决定了语言的形式。辛弃疾的词是用典很好的。我们概括辛弃疾的两首词，可以说：长于用典，自是词中圣；悲壮激烈，尽显国士风。

【板书设计】

《水龙吟》：览江山，书愁绪；惜流年，悲不遇。

《永遇乐》：悼英雄，刺时政，感世情，叹不用。

长于用典，自是词中圣；悲壮激烈，尽显国士风。

专题课《诗心与明月》课堂实录

师：上课！

生：起立！

师：同学们好！

生：老师好！

师：请坐。今天我们这次专题课的题目是“诗心与明月”（板书）。追本溯源，在很久远的年代里，月亮就进入了人们的心灵。大家看这一首诗（幻灯示《诗经·陈风·月出》）：“月出皎兮，佼人僚兮。舒窈纠兮，劳心悄兮。”翻译成我们今天的话：月亮出来亮堂堂啊，照着美人好面庞啊，莲步轻移慢慢远去啦，害得“我”心里好忧伤啊！那时的人们就借助月亮来表达自己的情感。我们再来看《古诗十九首》中的句子（幻灯示《古诗十九首·明月何皎皎》）：“明月何皎皎，照我罗床帏。忧愁不能寐，揽衣起徘徊。”用我们今天的话说：月亮多么皎洁明亮，照着“我”的罗床罗帐，忧愁幽思不能安睡，披起衣裳徘徊惆怅。这也是诗人借助月亮来表达自己的情思。月亮，它是一个客观事物，当我们看到它的时候，就产生了一种主观情绪。我们把寄托着作者主观情思的这种客观事物称为意象。在我们古老的诗行里，有许许多多的诗人用他们的笔、用他们的心灵来描绘月亮。我们把一种典型的、反复出现的意象称为原型意象。月亮是我们民族的一个原型意象。中华民族对月亮是情有独钟的，仅在《唐诗三百首》中就有 90 多首诗歌写到月亮，在诗仙李白的笔下，900 多首诗中有 330 首诗与月亮有关。今天，我们中国大地的每一处地方，差不多都能找到一座览月台。月亮为什么有如此大的魅力？它为什么如此牵动诗人的心肠？让我们试着在古人的诗句中去探求一下答案。好，请同学们看第一组诗歌，王维的几首诗。下面，我请同学把这几首诗朗诵一下。哪位同学愿意朗诵一下第一首诗？（生举手）好，请你来给大家朗诵一下。

生：（朗诵）空山新雨后，天气晚来秋。明月松间照，清泉石上流。

师：朗诵得很有感情，好！第二首诗哪位同学朗诵一下？（生举手）好。

生：（朗诵）独坐幽篁里，弹琴复长啸。深林人不知，明月来相照。

师：嗯，好，很有韵味。第三首诗哪位同学朗诵一下？（一男生举手）啊，好，我们把这个机会给男同学。

生：（朗诵）人闲桂花落，夜静春山空。月出惊山鸟，时鸣春涧中。

师：嗯，好。同学们，体会一下这几首诗，在王维的眼中月亮具有怎样的特点？不要着急，请你慢慢读，在诗行里寻找答案。

师：好，哪位同学找到这个答案了？在王维的眼中，月亮具有怎样的特点呢？（生举手）请你说一下。

生：我觉得在王维的诗中月亮非常淡雅，作者的寂寞有各种各样的，同时也借自然事物来陪衬月亮，比如说在第一首诗中，"新雨""清泉"就是来陪衬明月的；第二首诗深林中的各种各样的事物也是来陪衬明月的；第三首诗中"桂花"，还有"山鸟"和"春涧"，我觉得也是来陪衬月亮的。月亮跟王维的人差不多一样吧？

师：啊，好，请坐。她说得很好，几首诗都提到了，并且她说"跟王维的人差不多一样吧"。那么，通过这些诗行你揣摩一下，王维应该是一个什么样的人呢？他有着怎样的心灵追求呢？（生举手）好，请你说一下。

生：其实我们大家都知道，王维的诗被认为是"诗中有画，画中有诗"，从中不难看出，明月在这里充当的是一种背景。我觉得从这三首诗来看，王维比较崇尚的是一种自由的、清新的、淳朴的，没有任何压迫的没有任何烦恼的那种闲适的生活。

师：嗯，你说的我同意。还有哪位同学愿意补充一下？

生：我认为王维善于把自己融入自然当中，把自己的情感融入自然中去感受，让自然的力量来使他进行转换，不开心就能好了。

师：同学们在分析诗歌的时候有一个非常好的习惯，善于把诗和作者本人联系起来。是这样的，当我们读作品的时候，永远不要忘了，一个诗行后面是站着一个人的，文字的后面是有心灵存在的。那好，下面让我们一起再温习一下诗人给我们营造的境界以及诗人那颗善感的心灵，让我们把刚才的三首诗再朗诵一遍。

（学生齐读）

师：嗯，非常好。下面还有两组诗，这次我不带着大家一起分析了，同学们自己分析。

你们四个人一小组。女同学负责分析第二组诗，男同学负责分析第三组诗，一会儿我们来比试比试，看看谁能博得大家的赞许和掌声。给大家三分钟时间，可以互相商量、研究。

（学生讨论，教师四下巡视，适当指点一二）

师：大家准备好了吗？下面请女同学先读一下。

（女生齐读第二组诗）

师：好的。那么，就刚才的问题，各组进行了讨论。下面，我想听听你们讨论的结果。这一组谁来说啊？

生：第一首是李白的《静夜思》，“床前明月光，疑是地上霜”，用霜来比喻月光，写出了月光的清冷，同时反映了诗人的心情。诗人远在他乡，孤独寂寞，夜不能寐，表达出了诗人对于家乡的思念，比较客观地体现了异乡人的心情。

师：啊，你分析得很好。那我有一个问题，刚才我们女同学读到这首诗的时候，很多人都笑了。为什么笑啊？

生：觉得这首诗写得太直白了。

师：啊，太直白啦。其实就是这首“太直白”的诗，千百年来任谁读起它的时候都会勾起自己的乡思。它也告诉我们许多优秀的作品未必要用艰深、玄妙的语言，就是这种白话能够最直接地触动心灵，能够最直接地打动人，那就是很优秀的作品，是不是这样？你还有要说的没有？

生：没有。

师：那好，请第二组同学。第二组同学谁来发言啊？

生：诗人把他的情感寄托在古诗当中，我们通过读这些古诗可以读出诗人的情感，我们想评价一下最后一句，就是“但愿人长久，千里共婵娟”。这是一句千古名句，非常有名，它写的是苏轼对家人的思念之情。然后上升了一个阶层，表达了希望所有的人都可以在异地欣赏同一轮明月，内心相连，表达了对故乡的思念。

师：刚才我注意到你说诗人把情感寄托在古诗里，但是好像每个诗人写诗并不是把情感寄托在古诗上，他们把情感寄托在什么上？

生：明月上。

师：啊，寄托在明月上，寄托在一个特定的客观事物上。好，其他同学说说。

生：我们组讨论的是第二句，“我寄愁心与明月，随风直到夜郎西”，刚刚同学讲的都是思乡，而这里讲的，我觉得是一种友情的体现。题目当中的“左迁”大家都知道是贬官的意思，朋友被贬官，要到很远的地方，作者用了一种很奇特的想象，希望把自己对朋友的友情寄托在明月之上，随着朋友一直到他所要去的那个地方。让他在看到这一轮明月的时候，就好像感到了自己对他的一种祝福与思念。

师：你说得很好。其实这个朋友就是王昌龄啊！后来被贬到夜郎去了。李白借这首诗表达了他对朋友深切的感情。好，传给这一组。

生：我们组对第二组诗有个整体把握，觉得第二组整体是几位作者感情的一种交融，主要的感情就是思念，有思念家乡的，也有思念亲人的。我觉得总的来说可以构想一个画面，在寂静的晚上夜很深，没有风，很宁静的，诗人一个人独处的环境下，他是看那个深蓝色的天空，而不是现在南京城这种灰白色的天空。那种月亮如果说具有一种美感的话，就是很圆很亮。自古以来在那种情境下，月亮会让那些漂泊在外，或者说情感比较丰富的人，联想到自己的一些身世，包括故土等很多情况，所以说第二组诗大都是借助月亮来表达自己的思念之情。

师：噢，表达自己的思念之情，好。传给这一组。

生：我们这组也是对第二组诗有一个整体的认知。我认为第二组诗都是把情感寄托于明月，但是也写得比较直白，有点像直接抒情，如“床前明月光”，“低头思故乡”都是非常直白的。还有“月是故乡明”也是非常直白的抒情，再如“海上生明月”，“竟夕起相思”也都是非常直白的抒情。这种直白的抒情，并没有很多修饰，但是表达了自己非常质朴的感情，让人容易产生共鸣。

师：容易产生共鸣，好的。传给下一组同学。

生：整体地讨论之后，我们小组认为，这五句都是通过借景抒情来写的。我们特别喜欢第二首诗，因为这首诗中李白虽然写得很直白，但是他写道“我寄愁心与明月，随风直到夜郎西”，这样明月成了李白的信使，然后他把自己的思念通过明月来传达给朋友，是一种非常真挚的友情。

师：啊，好，请坐。我们都认识到了作者借助明月来表达那种思乡怀远的心情。这种心情在诗句中我们读到的是很明确的，但是它借助明月这一个意象，就比直接表达自己的思想感情更艺术，更具有审美性了。那好，下面我们听听男同学的研究结果。刚才女同学一起把诗朗读了一遍，男同学能不能站起来很有个性地朗诵其中的一首？

（学生分别朗诵所选诗作）

师：你们刚才进行了研究，各个组出代表表述一下自己的讨论结果。

生：我们组讨论的第三组诗中，第一首诗的“江月年年只相似”，“不知江月待何人”；第二首诗中的“古时月”“今月”，以及第三首诗中的“淮水东边旧时月”都提及了一个时间的概念，这也说明了天空上的一轮明月无论是古月还是今月，它都见证了历史的发展，就像很久以前，相信大家都听过《嫦娥奔月》的故事，这也表达了我们中华民族自古以来对月亮的一种想象和向往吧。

师：说得不错！好，第二组同学。

生：我们组讨论的结果是对三首诗进行了一个整体的分析，我们觉得这三首诗都是作者写时间的，“不知江月待何人”“但见长江送流水”，我从中感觉到作者有一种对时间飞速流逝的体会。虽然“江月年年只相似”，月亮还是那个月亮，可是时间飞速流逝，已不知照的是何人，这就是作者对时代变迁、时间流逝的一种感叹吧。

师：好，说得不错。请第三组同学说一下。

生：我们这组站在自己的立场去想古人，尤其是我们讨论了第一首诗，“人生代代无穷已，江月年年只相似”是通过“代代”和“年年”表示出了作者对时间过得飞快，以及自己寂寞的一种感受，也想起了以前学过的诗句“年年岁岁花相似，岁岁年年人不同”，表现了作者心中的寂寞。

师：好。说得不错！这一组同学谁还来说一下？

生：第二首诗的“古人今人若流水，共看明月皆如此”，我觉得这句话中有深沉的哲思，不论时间如何飞逝，人们如何为了利益去互相争夺，结果只有明月是不变的，所有的利益和名利都会被时间所冲走。

师：嗯，好。男同学一起把我们刚才分析的三组诗来朗诵一下。

（男生齐读）

师：读得不错。刚才同学们对这些诗作都进行了分析，分析得很好。如果一首诗反映了一个诗人的心灵，那么，我们民族的这些诗就是我们民族心灵的折射。同学们，把这三组诗联系起来看一下，它反映了我们民族怎样的一种心灵体验和对美的追求？你们交流一下，这是怎样的民族，有着怎样的性格，才有这样的作品？

（学生小声交流讨论）

师：好，讨论到这。其实，读诗就是在读诗人的心灵，读民族的心灵，也是在读我们自己。那么，通过这些诗，你读到了什么呢？

生：我们都知道，中华民族有着五千年的文化底蕴，从《诗经》到唐宋的诗词，发展了很多很多年。中华民族是一个很含蓄的民族，他们不善于非常直白地表现自己内心的感受，但是我们在静静地读这些诗的时候，心里总是会与他们产生共鸣。月亮是一个非常特别的事物，它既可以在人们欢乐的时候寄托美好的团圆的情感，也可以在人们离别的时候寄托相思的哀愁。从古至今，诗人的情思就和月亮一样充满了变化，是非常绚烂的。

生：从这三组诗整体来看，我觉得这三组诗主要表现的内容并不是很积极的，给人一种灰暗的感觉。让人觉得中华民族是不是都多愁善感，喜欢把自己的感情尤其是消极的感情寄托在月亮之上，或许是因为月亮的阴晴圆缺，使人总会想到离别和欢聚。

师：请坐。她表达了自己的看法。其他同学都同意她的说法吗？

生：她的观点我是不赞成的。她认为这些都是一种消极的情感。我认为它不是消极的，就以第一组为例，王维的心境可以说是很恬静，很宁静，他是以这种心境来写诗，来看自然，看明月，所以说不存在消极的情感。思想也是，一个有情感的人思乡是一种高尚的境界，这也不是一种消极的情感。对于历史的回想，就是通过“我”看历史来感慨一些东西，来向前看一些东西，所以说这也不是消极的情感。对这三组诗我的看法是，如果给中华民族下一个定义的话，我觉得用三个词较恰当：第一个词是厚重，第二个词是浓郁，第三个词是悠长。三组诗分别从自然、感情和历史来写。第一组它是一种审美，是人类心灵寄托上的；第二组着重感情，是一种绵长和恬淡的感情；第三组追溯历史，主要是一种厚重，一种回望。这三组诗连在一起看，可以说感情是由自然而产生，而历史又是由感情而产生，这样就把三组诗串联在一起，线索就是明月，因为明月恰巧都可以很巧妙地体现这三种感情。

师：好，请坐。几位同学都表达了自己的看法。我比较同意最后一个同学的看法。我们读的某些诗能体会到感伤，但感伤并不等于消极，是这样吗？好，下面让一位男同学评价一下刚才的发言，并做总结陈述。

生：几位同学的看法还是比较透彻的，都看到了古代诗人把情感融入月亮当中，描绘月景或者是一些自然的景象来抒发自己的情感。第一位同学讲的中国人是含蓄的，我比较赞同这个观点，中国人不同于外国人，比较不善于表达自己的情感。中国人总是把情感表达在文字里和比较含蓄的一些事物当中，然后让读的人去感受。结合当时的一些情况，交通并不是很发达，游子在外，对于家乡的思念，又不能很快地传达给父母，他们只能用作诗的方法给自己一个心灵的寄托。第二位同学讲人是多愁善感的，而且唯独中国人多愁善感。其实我认为只要是人都是多愁善感的，因为人就是一个情感的集合体，一个人如果没有情感，那这个人就只是一个躯壳了。人为什么用月亮作为代表？我自己的理解是，表达对家人的思念，因为月亮是一种纯洁的象征，而一个人对家乡的思念也是非常纯洁的。有一句话叫作美的不总是完美的，反过来就是说完美的不一定美。月亮是有阴晴圆缺的，再加上游子对家乡的思念，这样一种惆怅的感觉才能体现出一种美。

师：好。说得很好，总结得很全面。经过同学们的讨论，老师也做了思考，把它介绍给大家。月亮是清净明亮的，同时它能引起人们清幽的意兴，澄明宁静的心理感受，那么也就表现了我们民族博大的那种追求和谐恬淡的心理品格；月亮有它晦明圆缺的变化，引起了人们惜别怀远，叹离伤别的感情，那么它也表现了我们中华民族珍重乡土人情的一种心理；月亮之所以常常引起人们对往古的幽思，对现实的感慨，是因为它表现出我们中华民族深沉反思社会人生的一面。这些诗句同学们都不陌生，让我们一起来读一下吧。

（学生看屏幕，齐读所选诗词名句）

师：我们注意到中国的古典诗词非常善于把世事的忧患、人生的缺憾，用艺术的方式加以审美化和诗意化。如果我们在读诗的时候体会到这一点，那么就能更加透彻地理解古人和他们的作品了。其实，这样的作品，不光是在诗句中，在其他的文学作品中我们也能看到。如《红楼梦》中，写湘云和黛玉月下吟诗：“只见天上一轮皓月，池中一轮水月，上下争辉，如置身于晶宫鲛室之内。”于是有了著名的两句诗：寒塘渡鹤影，冷月葬花魂。再看，在张爱玲的小说《金锁记》中，写两个人夜晚说悄悄话的时候提到了月亮：“天就快亮了，那扁扁的下弦月，低一点，低一点，大一点，像赤金的脸盆，沉了下去。”给我们营造了一种“ 清辉玉臂寒 ”的夜晚的景象。在朱自清的《荷塘月色》中，“塘中的月色并不均匀；但光与影有着和谐的旋律，如梵婀玲上奏着的名曲”。同样地表现了作者对月的感受。

黑格尔说："在艺术里，感性的东西是经过心灵化了，而心灵的东西也借感性化而显现出来了。"我们可以说，感性的东西，在中国人的心灵里，借助我们的想象，就更加深沉地感受出来了。但是，当我们置身于现代生活中，中秋节品尝月饼的时候，我们有时不知把那轮明月抛到哪家的露台啦！今天，我们就重新捡拾一下，请同学们以明月作意象写一则短信，表达重阳时节你对老师、亲人或同学的思念之情。下课！

教学反思

这节课是新课程背景下专题教学的一个尝试。古典诗歌鉴赏应注重对"作品中蕴涵的民族心理"的探索，通过"感受形象，品味语言"，来"领悟作品的丰富内涵，体会其艺术表现力"，达到"陶冶性情，涵养心灵"的目的。新课程实施中的教师，更应注重课程资源的开发、整合和建设。基于此，教者致力于对教学资源的重构，以帮助学生切实高效地把握要领，培养归纳、探究的意识；同时，本专题旨在通过对"月"这一原型意象的梳理，促进学生"对作品中形象和情感的整体感知与把握"，从而达到"弘扬和培育民族精神"的目的。

基于此，确立的教学目标为：通过对古典诗歌的赏析，理解意象之于诗歌的重要意义；在诵读中，体味和鉴赏"月"这一原型意象的文学魅力和审美价值；认知中华民族独特的心理体验和审美取向。教学材料是一组与月亮意象有关的作品，高一的学生大都熟悉或听过，便于缘景明情，体会民族文化独特、丰富的内涵和审美取向。

课堂上，学生们阅读、赏析，参与度较高，表现出对诗歌较好的感知力。但回顾所设计的教学目标，虽然能有那么一点落实的影子，这一节小课却还是难当大任。教学目标设计得大而好看，但小脑袋戴个大帽子，总不如起于小处，着眼于大处好。如果教学目标再具体些，切实写，或许会更接近学生的心理，更有接地气的效果。

材料组织了很多，骨子里还是在追求课堂容量，似乎材料多些课堂就更充实，以至于一些内容既不能慢下来细品，又无从深入，所以这节课其实是很浅显的，深的和新的启迪寥寥。由此想到专题课应该就某一个问题有深入的探究。

（2007 年秋教于南京一中高一 9 班）

我的教学方法和实践

一、方法名称

情境阅读法。

二、方法解说

情境阅读法是指在阅读时通过对作品内容的研读和对作品呈现方式的赏析，引领学生设身处地地理解作者写文章的特定背景和处境及其在表情达意上的独特性。这种方法更适合于解读表意较曲折的作品，阅读时披文入情，透过语言层面，结合特定情境，理解语言背后的情感指向和思想内涵。

实现情境阅读，先是要围绕作品进行师生对话，在对话中了解学生对作品的理解程度，以及阅读上有什么疑问和障碍等，进而师生合作，完成读者和作者的对话，实现对文章较为深入的解读。情境阅读的好处是学生解读作品时可以将心比心，用自己的发现和思考深入作者的内心世界，而不是将一些观念性的东西半生不熟地塞给学生。

在实际教学中采用这种方法效果很好，一方面学生肯于埋下头去精心阅读，另一方面教师可以基于对学生解读文本的了解因势利导，使学生有自我发现和师生间、生生间互相交流的快乐。

三、教学实录

片段一：

师：晋武帝对李密说："李先生，你很有才，给我儿子做家教吧。"（生笑）李密还拒绝了。拒绝皇帝这事情自古以来就不太好办，李密却把皇帝给拒绝了。

生：（笑）

师：作者又怎样用婉转的言辞实现了拒绝呢？这就需要我们来思考：既然是陈情，在这些文字里他陈了什么情呢？

生：对祖母养育之恩的报答之情。

师：恩情、亲情。还有什么情呢？

生：还对皇帝有一份感激之情。

师：对皇帝有感激之情。一面是亲情，一面是感恩之情。感恩之情换一个词怎么表达呢？

生：忠君之情。

师：对，忠君之情。这篇文章通篇所陈述的情无非就是这几种。下面我们主要来研究一下，他为什么要陈情呢？请同学们仔细看一下文章。

师：谁来和大家交流一下自己的看法？

生：我认为有两个原因，这两个原因是递进的关系。第一个原因我是结合书下注释和练习册上的一些背景介绍了解到的。

师：哦，你是通过这两种途径来了解背景的。

生：对。李密是前朝的大臣，晋武帝又要调李密来做晋朝的大臣，多次宣召李密，李密都没有应召。如果李密不去写这篇《陈情表》就会被认为坚守名节，招来杀身之祸。所以李密就写了这篇《陈情表》来表示自己对现在这个朝廷的忠心，不让晋武帝起疑心，这样就能免除杀身之祸。这是第一个原因。第二个原因就是他在《陈情表》中写出了自己对祖母的感情，这样也能让晋武帝相信他，最能表现他对祖母的感情的就是“臣无祖母，无以至今日；祖母无臣，无以终余年”，这样表现出了他对祖母的感情，所以他写了这篇《陈情表》。

师：哦，你说它们两者是递进关系是什么意思？

生：就是晋武帝不要求李密应召当官，李密就不会把与祖母的这份深情写出来了。

师：哦，是这样的。好，请坐。

师：为什么要陈情啊？她说了两个方面。李密是前朝的官员，皇帝召见李密，如果他不来，就违反了皇帝的命令。陈情是为了“远祸全身”（板书）远离祸患，保全自己。另外当时李密确实是有一个 96 岁的老祖母啊，所以李密辞拒的原因就是要为祖母尽孝。陈情的第一个原因我写的是“远祸全身”，我想找一个词来概括一下第二个原因。怎么写呢？我一时想不清，你来概括一下。

生：报答祖母。（生笑）

师：为祖母养老送终，按照原文的话就是“报养祖母”，是吧？（板书）其实，这两个词倒过来写也可以，为了“报养祖母”，也为了“远祸全身”。我们把它们倒过来也好一些，符合文章的顺序。我们知道了他陈什么情，也知道他为什么陈情了。其实，更重要的是我们要思考这篇文章是怎样陈情的。我们要深入地体会，来揣摩这篇文章。我们要明白他写的是什么，为什么写，这都很简单。我们为了某个目的，用一句话就可以把这事说了。换句话说，我们有多种的方式来说一件事。但总会有一种方式在特定的场合适应特定的对象是最好的。我想李密找到了这样一种在特定的场合适应特定的对象的方式，是吧？

片段二：

师：同学们在读的过程中还有哪些地方不太清楚？

生：我有一个问题，在第三段李密说：“且臣少仕伪朝，历职郎署，本图宦达，不矜名节。”前文说他是一个孝廉的人，至孝的人，然后他又说自己年轻的时候在前朝做官。我觉得作为一个至孝之人，他把前朝说成伪朝。既然他受前朝的恩惠，作为一个道德很高的人这样说给过自己恩惠的前朝，是因为需要侍奉祖母难以从命还是眷顾前朝而难以从命，这一点我很疑惑。

师：这个问题提得很好，说明她是一个平时爱思考的同学。既然李密是“孝”“廉”，那当然在家为孝，“迩之事父，远之事君”，当然要对朝廷尽忠。那为什么还把自己曾经侍奉的朝廷称为“伪朝”，这是怎么回事呢？哪位同学来发表一下自己的看法？

生：我觉得他是怕晋武帝生气，所以要向皇帝解释说自己要在家侍奉祖母，这样也能为自己不去朝廷做官给出一个充足的理由。

师：你的理由是为了让武帝听着高兴，是吧？是这样，好，请坐。还有补充吗？

生：我认为他心里肯定有对前朝的留恋，如果是像他自己说的想要侍奉祖母，一样可以在地方在家乡找一个官当，一样可以有俸禄。

生：我觉得他是真心想要奉养祖母，而不是自视清高。他向皇帝说明情况是希望皇帝理解他、谅解他。

师：嗯，三个同学说得很好，这个问题也非常有讨论价值。他们说的都有道理，未必能够完全解决这个问题，但做这样的思考是很好的。其实我们刚才讨论的过程是一个很好的读书学习的过程。读文章最可贵的是在这里有了某种疑问，提出来，几个伙伴互相一商量，彼此长见识了。要想把语文学好，就是要多读书、多思考，然后有问题和大家一起商量，那么你就是一个最会学习语文的人了。这之前我们讲到了这篇课文陈了什么情，为什么要陈情，这些我们都知道了。为了达到自己的目的写了这篇《陈情表》，这《陈情表》的效果还很好。最后晋武帝不但应许他在家侍奉祖母，还赏给了他奴婢和银两。这样的一篇《陈情表》在写作手法上、在遣词用句上、在表情达意上是怎么做到这么好的效果呢？给你的写作又有什么启发呢？同学们思考一下。

生：这个问题我想到两个方面。一个是内容上的，一个是形式上的。内容上我觉得咱们如果设身处地地替李密去想想，他要写《陈情表》的话，应该从自己的实际情况出发，从晋武帝的角度出发。我觉得这两个部分的比例应该是 3∶1。内容上应该是四部分，起承转合。他从自己的角度出发谈了自己的实际情况，用了前三段说明自己的处境确实是比较困难。最后一段中他向晋武帝表达自己的忠心，也就是从晋武帝的角度出发。因为内容是服务于形式的，形式上并没有过多的去华丽的铺陈。言语上比较恳切，情感上也非常的深切。所以他还是重在内容上的表达。

师：请坐，她刚才说了一个观点，有的同学有疑义。正确的说法是什么？

生（齐）：形式是为内容服务的。

片段三：

生：我提一个问题，李密说："伏惟圣朝以孝治天下"，"臣生当陨首，死当结草。"他是不是特别迎合晋武帝？

师：你说得不错，但老师要插一句，文章是为了特定的目的写给特定的对象的。这方面我们要注意考虑。不一定是说非要迎合，迎合就丧失了自我。

生：我觉得这篇文章虽然以叙事为主，但更多的是陈情。他的情感是逐步递进的，把自己的实际情况以及原因都讲得十分清楚。然后再说"忠孝难全"，从尽孝到尽忠，想表达"我有尽孝之情也有尽忠之心"，情感真挚，更有说服力。

师：啊，情感真挚，更有说服力。她说得很好。

生：这篇文章有一点非常值得我们借鉴，他叙事的部分比例应该是相当大的。记得之前老师您讲作文的时候就说过，一定不要空洞地在那抒情，一定要与相关事实结合。我觉得这篇文章叙事和抒情结合得特别好。几乎每一段都有描述自己生活情境的例子，然后再抒一段情，所以就给人感觉情感的来源非常真实，也能够切实地打动读者。

师：说得很好，情感要有依托。依托就是具体的事。

生：我觉得作者很聪明，他了解统治者的心理。如果说作者一味地在文中说自己怎么惨，晋武帝就会不耐烦地想：你惨和我有什么关系？那么这篇《陈情表》就没有达到目的。但作者不是这样，作者很会观察形势，他说皇上你以孝治天下，我现在做到孝了。皇帝你会不让我尽孝吗？这样的话就会让统治者有所顾忌。

师：你说得很好，李密很聪明，能够体察皇帝的心思。所以他在文中说："伏惟圣朝以孝治天下，凡在故老，犹蒙矜育，况臣孤苦，特为尤甚。"以子之矛攻子之盾。"我"现在是进退两难了，"我"人微言轻做不出决断。"我"对皇帝啊，是忠心的，以后来日方长。可眼下怎么办呢？"以孝治天下"就把这个结解开了，那当然是先尽孝了。并且历代统治者都是打着这个旗号。"身体发肤，受之父母；不敢毁伤，孝之始也。立身行道，扬名于后世，以显父母，孝之终也。夫孝，始于事亲，中于事君，终于立身。"其实，侍奉君主不是最终的，"终于立身"这话说得很好。而儒家一直认为，凡事应该从小事、从身边事做起，事亲事君，最后成就大事，成就大事不是为了哪个人，而是立身。

断魂最是教语文

我不止一次感到自己不会上课了。要说上课总会留有遗憾，什么课能与语文相比呢！语文课的说法又最多，有数不尽的禁忌，又有数不尽的处女地。但我比较钟情几种上课的形式，它们各有短长，兼顾使用，也能各尽其职。

一、教师讲解

这种形式便于集中阐释，不会支离。如讲陶渊明《归去来兮辞》前面的小序，我就用了这种方式。下面是讲授第一课时的一段课堂实录：

不是所有的作品都要有一个序，序常常对作品的内容、创作的背景有所交代。细读这个序是非常便于我们了解作品的。这一段文字，笔墨不多，却交代了很多东西。都有哪些呢？

“余家贫，耕植不足以自给。幼稚盈室，瓶无储粟，生生所资，未见其术。”这几句话啊，如果用一个字来概括它的内容，说的是什么？用书上的字来形容就是什么？嗯，贫。许许多多的人啊都为金钱而苦恼，也为金钱而打拼，也为失去金钱而沮丧。那么我们看看，面对这种“贫”的生活，陶先生是怎么样看待的。我们说一个人穷啊，有很多种说法。比如说“衣衫褴褛”。那么，陶渊明很形象地告诉我们他的穷是什么样的：“幼稚盈室，瓶无储粟，生生所资，未见其术。”家里面小孩子挺多，小孩子饿得都在那张着小嘴等吃的。“瓶无储粟”，翻开装粮米的罐子看看都没有什么粮食，足见其贫。“生生所资，未见其术”，维持生计靠点什么呢？他是一个读书人，有没有什么办法。在这个时候，作为一个读书人，作为一个做官人的后代，他想做些什么呢？大家注意第二个层次，“亲故多劝余为长吏，脱然有怀，求之靡途。”同学们注意，那个有修养的人啊，他在写文章的时候，不是把什么东西都说出来。什么样的人会把什么都说出来呢？没有多少文化，心里又憋不住事的人往往会这么做。你看这句话“亲故多劝余为长吏”，很多亲戚朋友都劝啊，日子不能这么过啊，出去做事吧。让他做什么事啊？做长吏。同学们看，长吏是多大个官啊？职位很高是不是？家里穷，我们就去想着当大官，这现实吗？那么“亲故”为什么多劝他为“长吏”呢？对，他家祖上是东晋的开国元勋，他的祖辈和父辈都是做官的。注意后边四个字“求之靡途”。“靡途”，没有途径。因为那个时候是门阀制度盛行，如果你这一家有很高的官阶，是贵族，是王侯，那就好办了。陶家虽然祖上有军功，但陶家不是门阀家族，所以到他那一代，家族就衰落了。在那样一个时代里，即便他有才俊，也不能像其他的世家子弟一样能够谋得一个好差事。因为那个时候门阀的势力是很大的。所以说“求之靡途”。陶渊明实际上是有远大理想的，但在那样一个制度下又不能够很顺利地施展。再往后看“会有四方之事，诸侯以惠爱为德，家叔以余贫苦，遂见用于小邑”。为了谋生，为了养家要做一些事情，做一些什么事情呢？各个地方也都需要人才作为地方长官，他家族里的人也有在朝中做官的，于是就引荐他去小地方任职。陶渊明可以做官了，当时他的心情是这样的：天下都不太平，到处打打杀杀，不要走太远的路，就找个离家很近的地方做县令吧。所以说“故便求之”。于是就做了彭泽县的县令了，所以人家说陶彭泽，你就知道说的是陶渊明。也不容易啊，做个县令也不错啊。“及少日，眷然有归欤之情。”没待几天，想回到自己以前的生活之地。“何则？质性自然，非矫厉所得。”注意这四个字（板书：质性自然），了解陶渊明这个人或是品读他的作品，这四个字很关键。并且陶渊明对自己的评价也是很中肯的。“质性自然，非矫厉所得。饥冻虽切，违己交病。”虽然饥寒交迫，但是违背自己的志向，让自己更难过。“尝从人事，皆口腹自役。”虽然也是做个官，做点事，都是为了糊口而已。同学们想，陶渊明去做官做事，他应该为了什么呢？哦，他应该为了更大的抱负是不是？不是像一般人一样只是满足自己物质的需求，满足自己能吃上饭。不是这样的。联系上文我们可以判断，他的那种胸襟，他的那种志向在那个时代是不大能实现的。“于是怅然慷慨，深愧平生之志”（板书：怅然慷慨），“犹望一稔，当敛裳宵逝”。他用了一个很形象的词“敛裳宵逝”，只要这一年结束了，“我”收拾收拾行装，连夜就走，一天都不在这待着了。那种“怅然”，那种对于田园生活的眷恋，对于官场的厌憎就体现在字里行间了。“寻程氏妹丧于武昌，情在骏奔，自免去职。”不久啊，嫁给程家的妹妹在武昌去世了，“我”急切的心情恨不得立刻乘上骏马，像长了翅膀一样奔驰而去。所以自己挂印辞官。“仲秋至冬，在官八十余日。”大家都知道那个关于“不为五斗米折腰”的故事，这个时候上级下来检查工作了，然后属下就告诉他：“哎呀，督邮大人来了，你得穿上官服，腰扎束带，不然的话给人家留下不好的印象，那可不得了。”于是陶渊明留下了那句“吾不能为五斗米折腰向乡里小儿”，表现了自己的这种气节。那么有同学想了：“你不能为五斗米折腰，你能为五百斗米折腰吧？”其实五斗米按照当时工资的算法是挺高的薪俸了。我们常常把陶渊明的这句话误认为“不为一点东西折腰”。但是陶渊明在序里根本没提到这种说法，对吧？那我刚才上课的时候说了哪句话？对，有修养的人并不是一定要把话都诉诸文字的。这回陶渊明回家了，“因事顺心，命篇曰《归去来兮》。”陶渊明高兴的心情可以说是溢于言表了，在序后面的文字里几次提到“归园之乐”，文章的结尾还说“乐夫天命复奚疑”。在诗中曾有这样的感叹“善万物之得时，感吾生之行休。”大自然万事万物它们都感时而生，应时而动，顺时而化。这令他非常羡慕，他也要过这样一种自然的日子。所以我们看，从这个序我们品味这篇文章。它在讲什么？告诉我们他要安贫乐道。“安贫”的表现就是在官任上“怅然慷慨”。一个县令天天闹心，咋还不退休呢？（生笑）“自免去职”，最后选择自己的人生。“安贫乐道”就表现在他的本性是自然的。不同的人都讲“道”，儒家有儒家之道，道家有道家之道。那么陶渊明的

“道”应该是一种自然之道。这就是序和后面的文字告诉给我们的。

其实我在你们这个年纪的时候，也会像你们中的多数同学一样，不大理会这个序，非常关注后面的文字，读起来朗朗上口，很有诗意。随着年龄的增长，我常常更愿意读前面的这个序。这个序的文字是相当洗练的，衔接的也非常自然，体现了作品生成的这种民族式的表达特点，自然本真，干净内敛。

二、师生互动

这种形式便于随时了解学生的情况，交流看法。对于理解有些难度的文章，更要注意深入浅出，不搞一言堂。下面是我讲授庄子《逍遥游》第一课时的课堂实录：

师：要想用语言来表达一种意思真的是很难，尤其是我们要表达一种很抽象的道理的时候，其实就更难了。也有人做过尝试，把非常抽象的东西，很形而上的东西通过很平易的、近在身边的一些事物把它给说清楚。那这方面，庄子就为我们提供了一个非常好的范本。（转身板书）我们要学的《逍遥游》是庄子的作品，说到庄子就很容易想到“诸子”。其实庄子是“诸子”之一，“诸子”是什么意思啊？

生：百家。

师：诸子是指先秦至汉初各个学派的代表人物，百家指各学派。那么其他同学都知道哪些家？对哪些家最有兴趣？

生：儒家、道家、墨家、法家、阴阳家、纵横家……

师：知道这么多啊。（生笑）

生：兵家。（生笑）

师：儒、道、法、墨，还有兵家，是吧？

生：嗯，还有名家。

生（齐）：还有小说家。

师：这么多家，你对哪个家有所了解？简单说一下。

生：我挺喜欢纵横家和兵家。

师：哦，能简单说说吗？

生：纵横家的创始人叫鬼谷子，他每次只收两个徒弟。这两个徒弟都有可能会你死我活地争斗起来，比较著名的两个人就是孙膑和庞涓。孙膑和庞涓争斗完，大家都知道，孙膑赢了。他的最后结局是挖到了何首乌，吃了之后他的腿就好了，从此隐居再也不出来了。鬼谷子后来又收了两个徒弟，叫张仪和苏秦。由于鬼谷子听过孙庞相斗的故事，决定不教张仪和苏秦兵法了，教他们外交辞令之术，苏秦就比较会辩论，张仪就喜欢骗人。

师：张仪也得会说。（众生笑）

生：然后这个鬼谷子在他们下山的时候要考试，就把他们放到一个大坑里。很多人都知道，我就简单说了。

师：我还不知道，你说说。（众生笑）

生：鬼谷子说你要是能上来，你就下山。苏秦说了三天三夜，说的全是大道理啊，直到失声痛哭啊，鬼谷子被烦得不行了，就说我拉你上来吧。苏秦就下山了。张仪说："师傅，我还没待够呢，我不想下山。"连着三天三夜都这么说，师傅一看他真想留下来啊，就把他拉上来了。张仪骗了师傅被师傅拉了上来，结果张仪也下山了。然后最终结果，大家也知道了，张仪用的是连横计把苏秦的合纵计给破掉了，结果苏秦是身首异处。但是张仪的结果也不是很好的，客死他乡。这就是两对比较有名的纵横家。

师：这是哪里讲的？

生：《鬼谷子》。

师：《鬼谷子》，当老师的都后怕呀。（众生笑）你们都很厉害。嗯，你想说什么？

生：我看过《鬼谷子》这本书，鬼谷子不一定是历史上的真实人物。有一个人写了一本书，里面首次出现鬼谷子，鬼谷子未必在历史上真实出现。其实有一种说法，鬼谷子是一个地方，有人在那里潜修学问，有所成就，后来演变成这样一个人。所以我想给大家分享一下。这个也不一定是真的。

师：你的意思是你说的也不一定是真的？（众生笑）

生：我也是看一个人，他的观点。所以说我觉得这种观点还行。

师：所以说有些事情是需要辩论的。我们看古书或者介绍某些事情的时候，还要通过更多的阅读来细加甄辨。有些事当作故事听听也蛮有趣。嗯，好。还有谁想说什么？

生：诸子百家里面我不太喜欢名家也不太喜欢法家。

师：哦，你不太喜欢名家，也不太喜欢法家。

生：我认为名家对于国家的建设没有太大的帮助，杂家和它相似，杂家把各家的名著和思想融合到一块，只是写一些著作。对于国家的建设没有提出自己的见解。我比较欣赏墨家，墨家学派的思想是“兼爱非攻”，是一种超越当时的非常伟大的思想。但就算是在现在，它的思想也无法实现。但是墨家非常有纪律，它的属下有一种类似于卫道士的精神，这种精神与墨家精神走到一块是非常需要我们学习的。

师：哦，是这样。你是喜欢能够为国为民的，能做些事情的，是不是？那你或许不会喜欢道家，你喜欢道家吗？

生：我也喜欢道家，但是我并不想要投身到里面。（众生笑）

师：因为道家主张“无为”。还有哪位同学要说说？

生：我喜欢墨家，因为墨子代表小手工业者。因为这个，它代表当时的广大百姓，而且我觉得墨子在农业和物理方面也有很多贡献。

师：嗯，那么诸子百家，有的以道理胜，有的以实际行动胜。刚才两位同学有喜欢墨家的也是因为这一点，做什么事情能够身体力行，并且能够促进社会生产力的发展，是吧？（生笑）还有吗？

生：我特别喜欢道家。

师：你特别喜欢道家？

生：我是一个唯物主义者，但是我特别喜欢道家的那些精神。比如说精神上的自由就是真正的自由。我特别喜欢那种洒脱的感觉，而且一个人真正的尽情于山水、尽情于自然的时候就会感觉非常的畅快，而且里面有一些东西能够激励我前行。每次我考试考不好的时候就会翻开道家的书看一看，而且我觉得道家的思想能够使人辩证地去看待一些事情。

师：嗯，好，真好。你说说。

生：我不赞同墨家思想适合生产力发展的这种观点，其实大家学过历史的都知道，当时最适应生产力发展的是法家和兵家。因为战国是一个很混乱的时代。法家正好符合中央集权的要求，而兵家则为各国称霸天下提供了理论基础。而且我们不能把兵家理解为他们只是为了打仗，其实很多兵家都是改革家。比如孙武、吴起，他们都是改革重要的推动者。当我们看诸子百家的时候，我们不能说喜欢或者认同他们的思想就去说这个家符合社会发展，在看诸子百家的时候我们应该把它的本质揭示出来。甭管是谁，他都是为这个时代服务的。我们应该把它的精华抽出来，比如说兵家的孙子兵法，比如说法家的依法治国。

师：确实，我们要古为今用。我们今天学这些东西是为了什么呢？是为了我们活得更好，对吧？好，大家说得都不错。要想有深入的了解，当然还要有更多的阅读了。其实我一直这样想，人类的思想和心灵是无限的。所以在一个适当的时候，比如说春秋战国时期，比如说五四新文化运动的那个时候，各种各样的思想都出现了。其实呢，这些思想在今天人们的心中也都或多或少地存在着，你会有儒家的进取思想吧，有时候也会从道家那里得到心灵的寄托吧，你希望着我们规规矩矩地依法治国，去惩处那些恶势力，当然我们也希望着强兵强国等等。可能这些都是我们今人要从中吸取营养的东西。也许呀，他们之间并没有高下之分，都是为了解决现实当中的某一个问题，从不同的角度出发，然后提出了自己的主张。我们能够了解古人的这些，结合我们的实际提出富有现实意义的方略，那才是真正学懂了。大家都很可爱，说了这么多，可以看出大家有很宽的阅读面。我们现在再聚焦到庄子，我们对庄子有多少了解呢？（转身板书）

生：庄子和惠施的故事就不说了，我特别喜欢的成语是相濡以沫，庄子看见两只小鱼在车辙印里面，就是，嗯。

师：你说的是成语吧？

生：嗯。

师：庄子看见两条小鱼在车辙印里面，两条什么鱼呢？是鲫鱼。鲫鱼在那时候被称作“鲋”。涸辙之鲋。

生：对，就是这个意思。

师：什么是文化名人？我觉得文化名人就得留下文化。在历史上可以给今天留下成语的，那就可以称之为文化名人。刚才同学说到两个成语，还知道什么呢？通过这一课的学习，大家如果有兴趣可以进一步了解一下。这一篇叫《逍遥游》，是《庄子》一书的第一章，《庄子》一共有多少篇啊？ 33 篇。我对这个数字比较感兴趣，道家的事啊总和三以及三的倍数有关，《庄子》这本书刚好是 33 篇。《庄子》这部书据后人评价说其中有些篇目可能不是庄子本人写的，但是内篇中的 7 篇肯定是庄子写的。那么它的第一篇呢就是《逍遥游》，《逍遥游》讲什么的呢？一般来说，在一本著作中，第一篇就要开宗明义。往往在这里面，他整个的一个思想会渗透在其中。《逍遥游》，我们这里选了一部分，大约是三分之一。在《逍遥游》选文的这部分，他举了很多事物，大到鲲鹏，小到斥鴳、蜩与学鸠。他认为这些事物不管是大还是小，他们都离不开一点就是有所待，也就是有所凭借。他认为这还不行，真正的境界是达到无所待。所以他后面又讲了其他故事，比如接下来，他在故事中会讲到尧要把天下让给许由。许由说："哎呀，我现在挺好了，我还要它干什么呢？天下本来已经很好了，我不要去干涉它，这样它就会向自然的美好的方向去发展。"许由说的这番话，大家感兴趣可以回去看看，实际上他是指天下也应该是无为而治。所以要成为至人、神人、圣人就要达到"无为"。这是整个第一篇要给我们讲的主要内容。下面呢，我们通过文字来一点一点地看一看。首先看第一段文字，我们来诵读一遍。（诵读课文）

师：庄子的文章有这样的特点，就是我们在阅读的时候结合书下的注释把文章给翻译过来了，似乎还不能懂。那我们同学之间就结合书下注释，把不能懂的记下来。

（学生之间交流讨论）

师：好，大家先谈到这。我们从形象入手来看一看有什么形象啊？

生：鲲鹏。

师：啊，有鲲鹏这样的形象。跟它对比的还有——

生：蜩与学鸠。

师：蜩是什么东西啊？

生（齐）：蝉。

师：你们见过吗？

生（齐）：没见过。

师：有点像飞蛾的样子，还有什么啊？

生：学鸠。

师：学鸠是什么东西啊？

生（齐）：斑鸠。

师：见过吗？

生（齐）：没有，见过麻雀。

师：啊，见过麻雀。这里面还提到什么了？

生（齐）：斥鴳。

师：是在这提的吗？

生：不是。

师：啊，那是后边提的吧？你愿意做学鸠还是蝉？还是斥鴳呢？还是鲲鹏？愿意做鲲鹏的请举手？（环顾教室）啊，我知道了，剩下的都愿意做蝉？（众生笑）这样问似乎有毛病。你是愿意做鲲鹏那样的人呢，还是愿意做蜩与学鸠那样的人呢？愿意做前者的请举手。（环顾教室）啊，为什么愿意做鲲鹏那样的人呢？

生：霸气、上档次。（众生笑）

师：霸气、上档次吧，还有呢？

生：飞得远。

师：嗯，霸气、上档次，飞得远。我们看，"北冥有鱼，其名为鲲"我们要在夜晚听老爷爷讲故事，老爷爷说"那个大海里啊有一条大鱼，可大可大了"（众生笑）"它都不知道自己有几千里那么大，然后你说怪不怪？它跳出水面了，长出翅膀了，变成了鸟。那它还叫鲲吗？不叫了，叫鹏。鹏更大呀，鹏那个背呀都不知道有几千里。那能飞动吗？能。振翅高飞呀，它那两个翅膀就像天上的云一样。那能飞多远呢？哎呀，能从北海飞到南海。"

师：在这几句话里，我看到了两个字。一个是"化"，一个是"徙"。其实我们把它翻译过来也是两个字，一个是"变"，一个是"迁"。这是一种伟大的变迁。这里面也看出了庄子瑰奇的想象力。有远大的目标，有伟大的行动，确实是惊心动魄的，它给我们塑造了这样的伟大形象。与之相对的就是蜩与学鸠了。当大鹏扶摇直上飞九万里的时候，树枝以下的小蝉、小学鸠在那笑。它们说："我们呀，快速地飞起，也不过是飞到榆树那里，有时候还飞不到就掉地上了。"（众生笑）"奚以之九万里而南为"，哪用飞到这么高的地方再往南飞去呢？我们看到鲲鹏和学鸠，它们的志向、它们的境界是截然不同的。就我们常人看来，鲲鹏是伟大的事物。庄子要用它说明什么道理呢？后面我们还要讲到，庄子善于谈道理，正是通过这些非常具有形象性的故事去谈的，所以人们说："庄子一书寓言十九。"（板书）十有八九啊都是把道理寓含在这样的故事当中。那么故事蕴含了什么样的道理呢？同学们可以在课下通过阅读手中其他书籍进一步地了解一下庄子。

三、质疑辩难

我比较钟情这种方式，学生提出的许多问题，可以帮助我们弥补教学中的缺失，使我们的教学真正急学生之所急，讲学生之所需。

一次讲授《林教头风雪山神庙》前，我让学生阅读课文后提出问题。一共收到十几个问题，其中有：

生 1：第 6 页第 9 段林冲与店主人的对话有什么作用?

生 2：林冲被逼上梁山是否不仅有“官逼民反”的原因，还有他的性格缺陷?

生 3：第 2 段描写两个军官时，用了“闪”进来，为什么要用“闪”字呢?

生 4：第 9 段林冲去买酒，主人询问他的来处，林冲为何不直接作答？主人辨认出酒葫芦后，林冲道“原来如此”是否有确认什么的意义？又确认了什么?

生 5：为什么书上的插图与原文不符？原文提及林冲大喝一声将众人吓住，然后用枪刺倒一个，而插图上的林冲拿枪与其中一个人仅有一步之遥，且三人仍在谈笑观火，这不是偷袭吗？为什么画者与作者关于同一件事做了不同的表现?

这种问题，有的是我们讲解过程中会涉及的，也有一些是我想不到的。每一个问题都看出学生阅读的关注点和疑惑，充分了解学生的疑难，对教学重点的把握和教学环节的设计都有不可替代的作用。在课堂上探讨同学们提出的问题，有时会让我改变很多过去的阅读观念。我对作品的一些更深入的理解有时就得益于学生们提出的问题。

近十几年，我通过这种方法收集学生的问题，使得教学中更显出针对性，所以一直坚持着。在此基础上，学生进一步提出问题，就会更深刻，更有价值，也容易引导学生深入地解决问题。

现在，语文课有很多种呈现的方式，但上述三种方式我认为应该是主流，这些符合人与文对话、人与人交流的习惯，也较容易保持语文课的常态。

课堂教学要形成系统

角度，一个审美的要素

语文教学中，我们讲解知识，训练学生的能力，常常是“零打碎敲”式的，这在某种程度上会造成知识能力结构的支离。鉴于此，教学中更要考虑系统性，能瞻前顾后，一棵树一棵树地栽种起来，之后才见到森林。这里以写作教学为例，来说明这个道理。

提起一些熟悉的人，一般都会想到几位老师。从我们还在幼儿园牙牙学语，到今天成为一名高中生，其间我们遇到过许多老师，他们形貌各异，性格不同，但都会给我们留下一些印象。人们称老师为园丁，的确，在教育的百花园里，我们时时处处受到过老师的呵护。

如果让你写一篇记叙老师的文字，恐怕不会引起你什么新鲜感吧，因为十几年来不止一次写老师了。那么你有没有想过，随着年龄的增长，其实你对老师也有了不同的观察与认识，当你再执笔时，已经丝毫不再是儿童时的单纯和少年时的程式化思考了。

当你面对“园丁赞歌”这一主题，一定会想起一位或几位曾经给你留下美好回忆的老师吧，那么，就让我们用善感的心灵，再来一次温馨的回忆吧。我知道，对那些有责任心，敬业爱生，用人格的明灯和知识的阳光照亮我们心灵的老师，你一定会怀着敬重和赞美之情，不吝惜纯真的笔墨的。

怎样做到选好记叙的角度呢?

1. 确定好记叙的人称。

教科书上将记叙的角度界定为记叙的人称，即作者记叙的观察点、立足点。这样，就涉及用第几人称来记叙的问题。

一般来说，记叙中采用第一人称，读起来使人感到真实、自然，便于直接充分地表达人物的思想感情；采用第二人称，可以形成记叙的亲切感，利于抒情；采用第三人称，作者站在旁观者的立场，宜于客观、全面地呈现人物的经历和事情的变化过程。有时一篇文章里也会有人称交替出现的情况。其实，这个问题无须费思量，写作时顺其自然即可。

2. 选好记叙的切入点。

“切入点”也是一种角度。就记叙文而言，“切入点”就是作者选择和处理写作素材的着眼点，其目的是更好地表现人物的特点或突显事件的启发意义。这就像摄影，可正面，可侧面，可俯拍，可仰拍……选准了合适的角度，就能拍出最佳艺术效果的照片。“切入点”的确定更多地体现了观察、思考方面的深度与敏锐度，同时也体现了行文构思的技巧。

3. 注意立意、选材和表达的角度。

写赞颂老师的文章，最主要的就是写出老师的个性特征和思想品质，抒发对老师的赞美与热爱之情，做到以情动人。写作时首先必须明确中心，文章要写谁，写什么，要突出怎样的思想品质和性格特点。其次是选好材料，将最能表现中心的一件或多件事精心地选择出来，以便表现老师的品质和特点。一般来说，大多数老师在平凡的工作岗位上，不仅做好分内事而且做好分外事，因此我们必须精心选取典型事例，否则会偏离中心。第三，学会点面结合表现人物的方法。通过“面”的介绍，可以使读者了解老师的概貌和事情的概况；通过“点”的具体、细致的描述可以从各个侧面来展示人物的精神风貌，这样可以避免人物刻画得单薄，使文章收到“窥一斑而知全豹”的效果。

优秀的老师，无一不是以自己的人格感染学生的。能以人格化育莘莘学子的人，也必然注重师道、师能。在著名散文家、翻译家、画家丰子恺先生的笔下，我们看到了一位教学技艺精湛，律己律人一丝不苟的老师形象。

请看，在学生的眼中，李叔同先生是一个怎样的人：

距今二十九年前，我十七岁的时候，最初在杭州的浙江省立第一师范学校里见到李叔同先生，即后来的弘一法师。那时我是预科生，他是我们的音乐教师。我们上他的音乐课时，有一种特殊的感觉：严肃。摇过预备铃，我们走向音乐教室，推进门去，先吃一惊：李先生早已端坐在讲台上。以为先生总要迟到而嘴里随便唱着、喊着，或笑着、骂着推进门去的同学，吃惊更是不小。他们的唱声、喊声、笑声、骂声以门槛为界限而忽然消灭。接着是低着头，红着脸，端坐在自己的位子里；端坐在自己的位子里偷偷地仰起头来看看，看见李先生的高高的瘦削的上半身穿着整洁的黑布马褂，露出在讲桌上，宽广得可以走马的前额，细长的凤眼，隆正的鼻梁，形成威严的表情。扁平而阔的嘴唇两端常有深窝，显示和蔼的表情。这副相貌，用“温而厉”三个字来描写，大概差不多了。讲桌上放着点名簿、讲义，以及他的教课笔记簿、粉笔。钢琴衣解开着，琴盖开着，谱表摆着，琴头上又放着一只时表，闪闪的金光直射到我们的眼中。黑板（是上下两块可以推动的）上早已清楚地写好本课内所应写的东西（两块都写好，上块盖着下块，用下块时把上块推开）。在这样布置的讲台上，李先生端坐着。坐到上课铃响出（后来我们知道他这脾气，上音乐课必早到。故上课铃响时，同学早已到齐），他站起身来，深深地一鞠躬，课就开始了。这样地上课，空气严肃得很。

有一个人上音乐课时不唱歌而看别的书，有一个人上音乐课时在地板上吐痰，以为李先生看不见的，其实他都知道。但他不立刻责备，等到下课后，他用很轻而严肃的声音郑重地说：“某某等一等出去。”于是这位某某同学只得站着。等到别的同学都出去了，他又用轻而严肃的声音向这某某同学和气地说：“下次上课时不要看别的书。”或者说：“下次不要在地板上吐痰。”说过之后他微微一鞠躬，表示“你出去吧”。出来的人大都脸上发红。又有一次下音乐课，最后出去的人无心把门一拉，碰得太重，发出很大的声音。他走了数十步之后，李先生走出门来，满面和气地叫他进教室来。进了教室，李先生用很轻而严肃的声音向他和气地说：“下次走出教室，轻轻地关门。”就对他一鞠躬，送他出门，自己轻轻地把门关了。最不易忘却的，是有一次上弹琴课的时候。我们是师范生，每人都要学弹琴，全校有五六十架风琴及两架钢琴。风琴每室两架，给学生练习用；钢琴一架放在唱歌教室里，一架放在弹琴教室里。上弹琴课时，十个人为一组，环立在琴旁，看李先生范奏。有一次正在范奏的时候，有同学放了一个屁，没有声音，却是很臭。钢琴及李先生和数名同学全部沉浸在亚莫尼亚气体中。同学们大都掩鼻或发出讨厌的声音。李先生眉头一皱，径自弹琴（我想他一定屏息着）。弹到后来，亚莫尼亚气体散光了，他的眉头方才舒展。教完以后，下课铃响了。李先生立起来一鞠躬，表示散课。散课以后，同学还未出门，李先生又郑重地宣告：“大家等一等去，还有一句话。”大家又肃立了。李先生又用很轻而严肃的声音和气地说：“以后放屁，到门外去，不要放在室内。”接着又一鞠躬，表示让我们出去。同学们都忍着笑，一出门来，大家快跑，跑到远处去大笑一顿。

李先生用这样的态度来教我们音乐，因此我们上音乐课时，觉得比上其他一切课更严肃。同时对于音乐教师李叔同先生，比对其他教师更敬仰。那时的学校，首要的是所谓“英、国、算”即英文、国文和算学。在别的学校里，这三门功课的教师最有权威，而在我们这师范学校里，音乐教师最有权威，因为他是李叔同先生的缘故。

（节选自《怀李叔同先生》）

这篇文章以第一人称叙述，故事都是亲闻亲历，读来真切、自然。节选的这部分文字，详细描写了李叔同先生上音乐课的情景。教师备课认真，一丝不苟，读后能给人留下深刻的印象。而几件规范学生行为的事，在表现先生严格约束学生习惯的同时，又斯文有礼，充分体现了“温而厉”的特点。

个性，“一类”中的“一个”

风摇柳动，无数个叶片在风中轻舞。细心的人说：世界上没有完全相同的两片叶子。看似相同的两个人也是这样，如果你细心体察，就会发现“这一个”绝不同于“那一个”。一个人不同于其他人的种种，就形成了这个人特有的个性。好的人物描写都是写出了人物个性的描写。同学们读“西游”，看“三国”，评“水浒”，品“红楼”，留在头脑里不能磨灭的鲜活的人物，都是个性十足，有着鲜明的特点。我们说，那是因为作者写出了人物的独特个性。

在写作中能否凸显出人物的个性，其效果是大不一样的。好的描写，见形见神；拙劣的描写，既无形似，又无神韵。同学们大都在作文里写过自己的亲人和老师，你能从朝夕相处的人身上寻出他们的个性差异，将他们写得形神毕肖吗？让我们深入生活的海洋中去览胜搜奇，寻珍觅宝，用漂亮的文字来摹写丰富的生活，彰显鲜活的人物个性吧。

怎样才能突显人物的个性呢？

我们描写一个人，记叙一件事，离不开对客观现实的描绘，更离不开对人与事的甄别与取舍，不能事无巨细，全部照搬。好的人物形象是从生活原型中提炼出来，同时又更集中更典型地表现生活的。突显人物的个性，要注意以下三点：

1. 认真观察、思考，做好材料的选择。

在生活中，我们应该注意观察人物的外貌、语言、动作、神态，发现其与众不同的地方。同样开朗的性格，具体的表现却大不相同，或心直口快，或热情似火，或直率莽撞……通过细致的观察，你会逐渐发现身边的人原来是那样的各具特点。在观察人物的这些外在表现后，我们还应通过进一步的观察，发现人物形成这样或那样的个性的原因，如为什么忧郁？为什么热情？为什么莽撞？这种进一步观察会使你对人物的性格特征有更鲜明的认识，积累更多的素材，写起来便有了源头活水。

所选材料要恰当，能够准确而生动地概括人物各个方面的性格特征。同时，要努力从不同侧面表现人物，将人物平时的言行恰当地分成几个方面，来展示人物个性的丰富内涵。选材恰当与否关系到文章全局，一定要反复斟酌，切实把握所选材料之间的内在联系。

2. 调动各种写作手法，突显人物个性。

具体写作时，我们可以从外貌入手，也可以从语言或行为入手，亦可通过心理活动反映，当然外貌、语言、行为、心理活动结合起来辅之以细节描写更好，这样的叙述与描写便可以将人物的个性描摹出来。因为不同年龄、不同身份、不同职业、不同修养的人，容貌、服饰、姿态、风度、神情、言行等都是不同的，写出了这种种的不同，也就写出了人物的个性。

在人们的生活中，多是普普通通的人，少有轰轰烈烈的英雄，多是日常生活小事，少有惊天动地的壮举，所以同学们总觉得写自己身边的人很难写出个性，总以为周围的人实在平凡得让人无话可说。其实不然，在我们身边有着许多独具个性的人，关键就看我们是否能发现，如何去表现了。每一个人都具有鲜明突出的个性，可能你会说我周围的人都毫无个性，而“无个性”其实也是一种独特的“个性”。

3. 捕捉真实生动的细节，刻画人物形象。

细节描写是具体表现事物特征的重要手段。一个人做了些什么以及怎么做的，都表现在他的言谈举止、神情心态之中。必须着力写好这方面的细节，读者才能切实地感受到他的个性。同时，环境方面的细节也不容忽视，因为人物的言谈举止、神情心态只有在特定的环境中才具有表现个性的意义。这两方面的细节都写得真实生动，人物个性自然鲜明。

“写人记事”是就内容来说的，有的偏重写人，有的偏重记事。如果单就写人而言，应该是“记事写人”，人是通过事来传神的。离开了具体的事，就只剩下人物身上的“标签”了。初学写人，容易犯这样的毛病。

要在有限的篇幅里，把人物写得传神，就要精选“二三事”。这“二三事”要围绕人物的“眼睛”来写，体现出人物的神韵。

下面的文字是写清华大学校长梅贻琦先生的：

1931 年 12 月 3 日，在清华大学校长就职典礼上，梅贻琦留下了中国大学史上最著名的一句话：“所谓大学者，非谓有大楼之谓也，有大师之谓也。”

他本人从来没有被称为“大师”，但在他的任内，却为清华请来了众多的大师，并为后世培养出了众多的大师。他被称为清华“永远的校长”。在遍布世界的清华校友心目中，提到梅贻琦就意味着清华，提到清华也就意味着梅贻琦。

一位清华的老校友在纪念梅贻琦的文章中称：“母校以‘自强不息，厚德载物’八字为校训。历届毕业同学，凡是请梅先生题纪念册的，梅先生辄书此两语为勉。梅先生一生行谊，也正可以这两句来说明。”

《易经》上说：“天行健，君子以自强不息……地势坤，君子以厚德载物。”梅贻琦在世人的心目中，正是这样一位“君子”。

清华早期著名的体育教员马约翰曾经这样评价梅贻琦：“他有他的人格……真君子 Real-Gentleman 的精神。梅先生不但是一个真君子，而且是一个中西合璧的真君子，他一切的举措态度，是具备中西人的优美部分。”

梅贻琦先生不爱说话，被称为“寡言君子”（Gentleman of few words）。早在 1909 年考取第一批庚款留美学生时，他那“从容不迫的态度”就给人留下了深刻的印象。在发榜那天，考生们都很活跃，考上的喜形于色，没考上的则面色沮丧。只有瘦高的梅贻琦，始终神色自若，“不慌不忙、不喜不忧地在那里看榜”，让人觉察不出他是否考取——而实际上，在 630 名考生当中，他名列第六。

“一二·九”运动后，清华曾经发生过数千军警闯入学校逮捕学生的事件。事前得知了这个消息，学校的几位领导人在梅贻琦家里商量如何应对。大家说了很多意见，唯有梅校长默然不发一言，最后大家都等他说话，足足有两三分钟，他还是抽着烟一句话不说。冯友兰教授问：“校长，你看怎么样？”梅贻琦还是不说话。叶公超教授忍不住了，问道：“校长，您是没有意见而不说话，还是在想着而不说话？”他隔了几秒钟回答：“我在想，现在我们要阻止他们来是不可能的，我们现在只可以想想如何减少他们来了之后的骚动。”

后来，学生们怀疑军警手里的名单是校方提供的，所以把教务长架到大礼堂前接受质问，并有学生扬言要打。此时，他们的校长身着一件深灰色长袍，从科学馆方向慢步走来，登上台阶，对着二三百学生，有半分钟未发一言，然后用平时讲话同样的声调，慢吞吞地说出了5个字：“要打，就打我！”

梅贻琦嗜酒，并且在这一点上也堪称“君子”，以至于被酒友尊为“酒圣”。考古学大师李济回忆：“我看见他喝醉过，但我没看见他闹过酒。这一点在我所见的当代人中，只有梅月涵先生与蔡子民（蔡元培）先生才有这种‘不及乱’的记录。”

曾经有一篇纪念他的文章，标题就叫作《清华和酒》。“在清华全校师生员工中，梅先生的酒量可称第一……大家都知道梅先生最使人敬爱的时候，是吃酒的时候，他从来没有拒绝过任何敬酒人的好意，他干杯时那种似苦又喜的表情，看到过的人，终生不会忘记。”

1947年，抗战胜利之后清华第一次校庆，在体育馆摆了酒席，由教职员开始，然后1909级，逐级向校长敬酒。梅贻琦总是老老实实地干杯，足足喝了40多杯。

“他的情趣是那种很单纯的，一种……不晓得……一种很特别的幽默感。”他的儿媳，北大退休教授刘自强女士在接受记者采访时，眼睛微微向上，显然沉浸在一种温馨的回忆中，想寻找一种确切的表达来描述她的校长和公公。“那时候校长住在清华园甲所，我有一次去他那儿，梅太太病了，我就看见他到前面的小花园里，搞了一朵他自己种的花，紫色的，不知道叫什么名字，到梅太太的卧室去送给她。”

（选自2004年6月24日《中国青年报》）

“真君子”，就是梅贻琦这个人物的“眼睛”。正如马约翰所说：“梅先生不但是真君子，而且是一个中西合璧的真君子，他一切的举措态度，是具备中西人的优美部分。”

寡言、嗜酒、幽默三个特点，从容看榜、应对危机、校庆痛饮、撷花慰妻四件事，足见梅校长“不但是一个真君子，而且是一个中西合璧的真君子”！

写人物的“眼睛”，要显示出人物的个性差异。而个性差异是在比较中显现出来的，即使文章没有做人物间的比照，这种比照却早已在作者的头脑中形成了，如此才能把人物的与众不同之处写出来，这“与众不同”之处就是人物的“眼睛”。

上面节选的是写当年清华大学校长的一篇短文，再来看看当年清华大学的学生们是怎样描绘他们眼中教授的形象的，也许你会更感兴趣。

没有一个大学生不议论教授，但少有像老清华（1911—1949）的学生如此大胆深情地、大面积公开化地谈论教授甚至是校长。我们不能不为当时学生的大胆惊叹，更不能不为那时的宽松的师生氛围惊叹。今天读起来仍然饶有兴味，能够从中感受到浓浓的人文气息。

记得那日国文班快要上课的时候，满心想亲近这位渴慕多年的学界名流的风采。可是铃声响后，进来的却是一位憔悴得可怕的人物。看啊！四角式的平头罩上寸把长的黑发，消瘦的脸孔安着一对没有精神的眼睛；两颧高耸，双颊深陷；长头高举兮如望空之孤鹤，肌肤黄瘦兮似辟谷之老衲；中等的身材羸瘠得虽尚不至于骨子在身里边打架，但背上两块高耸的肩骨却大有接触的可能。状貌如此，声音呢？天啊！不听时犹可，一听时真叫我连打几个冷噤。既尖锐兮又无力，初如饥鼠兮终类猿……

这是发表在1934年《暑期周刊》上的《教授印象记》中一段描写刘文典先生的文字。一位有着清新优美的文笔、思想缜密新颖的学者，在学生的想象中即使不是一个风流倜傥的摩登少年，至少也是一位样貌奇伟的老先生，怎知却是这副尊容！作者是真的失望吗？其实不然，他先抑后扬，然后极力抒写刘先生学问的渊博精深，对学生的恳挚，对国事的热忱，其精神的力量远远盖过了相貌的不足，矗立着的仍然是一个可敬可爱的人。

在学生笔下遭遇相同命运的远不止刘文典先生一人：

比如俞平伯先生："一个五短身材的人，秃光着脑袋，穿着宽大的衣服，走起来蹒蹒跚跚的，远远看去，确似护国寺里的一个呆小和尚，他就的的确确是俞先生吗？"——这是相貌与学问之不成正比。

比如陈寅恪先生："里边穿着皮袍外面套以蓝布大褂青布马褂，头上戴着一顶两边有遮耳的皮帽，腿上穿着棉裤，足下蹬着棉鞋，右手抱着一个蓝布大包袱，走路一高一下，相貌稀奇古怪的纯粹国货式的老先生从对面孑孓而来。"——这是衣着与学问之不成正比。

比如冯友兰先生："口吃得厉害。有几次，他因为想说的话说不出来，把脸急得通红。那种'狼狈'的情形，使我们这般无涵养无顾虑的青年人想哄笑出来。"——这是口才与学问之不成正比。

（节选自《逝去的大学》）

同样是清华教授，同样是满腹经纶的学界大师，同样采用欲扬先抑的写法，但人物特征迥异。俞平伯先生是“相貌与学问不成比例”；陈寅恪先生是“衣着与学问不成比例”；冯友兰先生是“口才与学问不成比例”。你看，这样来写，是不是很有趣呢？用“跃然纸上”“呼之欲出”来形容也不过分吧？顺便提一句，要想使人物“跃然纸上”，先得让人物在你的头脑中“活”起来，如人在眼前；至于“呼之欲出”，是不是可以这样理解——描写的这个人物还没等你说出他姓甚名谁，熟悉他的人就能叫出他的名字呢？不妨一试。

文似看山不喜平

“山无起伏，便是顽山；水无潆洄，便是死水。”中国的园林，往往在一曲一折之中不断展现“山重水复”，又不断展现“柳暗花明”。写文章也是如此，有张有弛、有动有静、跌宕起伏、波澜曲折才会引起人们的阅读兴趣。写出事件的波澜就是写出事件的曲折变化。

名著名篇在叙事中很注重写出波澜。如《水浒传》中的林冲、杨志、鲁智深等人物命运发展的起起落落，施耐庵的巧妙设置令人叹服。《项链》中玛蒂尔德的人生际遇几番变化，情节戏剧性的推进紧紧牵系着读者。欧·亨利的《警察与赞美诗》，契诃夫的《变色龙》，它们作品的异曲同工之妙也都在于情节的波澜起伏，形成引人入胜的艺术效果。

同学们在描写一个事件时，缺少的正是这种写出波澜的能力。我们往往平铺直叙，轻描淡写，展示不出事件本身丰富、变化的面貌。有时又为了情节曲折而生编硬造，留下很多莫名其妙的文字。能否写出事件的波澜，既反映出我们是否具备细致观察生活、把握事物本质的能力，又能看出我们是否具有必要的想象力和描摹能力。让我们在名著名篇的导引下，从学习开始，调动生活的积累，在写作训练中不断实践、发展叙事的能力，使文字在我们的笔下获得生命的活力。

有波澜的文章不论长短，都能使读者读起来历久不倦，收到强烈的艺术效果。但是，事件的波澜，不能生硬为之。要善于利用事件的曲折性、复杂性，并运用一些方法，才能巧妙地显示出事件的波澜。

1. 悬念法。

悬念法又称关子。它是作者为了激发那种“紧张与期待的心理活动”，在行文中有意采取的一种积极而有效的手段。这种手段包括“设悬”和“解悬”两方面。所谓“设悬”就是设置悬念，即在情节发生发展的关键时刻或人物命运攸关的重要时刻，叙述戛然而止，转叙他事。从而引起读者强烈的寻根问底的兴趣。所谓“解悬”也叫“释悬”，就是指在情节发展的特定阶段，通过矛盾的解决，揭示事情原委和人物命运的结局，使读者的期待心理得以满足。

2. 抑扬法。

“抑”，就是抑制，对人、事、物进行贬抑；扬，就是扬起，对人、事、物进行褒扬。叙述中，先让情况尽量向某一个方向发展，造成对后面情节的一种充分的反向蓄势，然后使情况向相反的方向陡转，从而形成落差和波澜，给人以感情冲击和心灵震撼，进而使读者得到充分的审美满足和享受。抑扬法分为欲扬先抑和欲抑先扬。

3. 伏笔法。

伏笔，就是指作者对文章中将要出现的具有关键意义的人或事做出的提示或暗示。与这种提示或暗示呼应的就是照应。有伏笔就有照应。伏笔的巧妙使用，使波澜起伏、曲折多变的情节被一根时断时续、明断暗续的主线贯穿始终，结构更加严谨。

4. 巧合法。

巴尔扎克认为：“偶然性是世界上最伟大的小说家，若想文思不竭，只要研究偶然性就行。”对生活最精彩的艺术表现，在于对带偶然性现象的把握和描述，通过偶然，揭示必然，通过个别现象，揭示事物普遍性的规律和实质。巧合，既能更集中、强烈、深刻地反映社会生活本质，又能以其戏剧性，增加文章的可读性和审美魅力。

需要注意：我们对于文章的曲折生动性的追求，要以如何有助于达到作品内容的准确性和深刻性为依据，切不可单纯为追求情节的曲折而故作惊人之笔。

“写事要有点波澜”中的“波澜”主要表现在情节上。写作之前，要充分考虑到事件本身的丰富性与变化，构思、预设好事件的转折点，在整体把握事件的基础上，确立写作的中心，然后运用恰当的叙述技巧，以实现艺术表达的理想效果。下面的一篇文章，无论在事件的整体结构上还是艺术技巧上，都是值得我们学习和借鉴的。

第一次世界大战后，一些法国老战士回到了他们的故乡。他们当中许多人都生活得蛮不错，弗朗科·雷勃因为中了毒气，健康始终不曾恢复，丧失了劳动能力，生活很是贫苦。弗朗科·雷勃自尊心素来很强，他从不接受别人的施舍。

每年，这些老战士要举行一次团聚。有一年，他们在朱力斯·格兰汀家里聚会。格兰汀长得胖乎乎的，钱袋总是满满的。席间，他兴致勃勃地掏出一枚古金币，滔滔不绝地介绍起这枚古币的年代、价值和来历。来客们坐在长桌上一一传着观赏，溢美之词不绝于耳。客人们在欢宴中开怀畅饮，谈笑风生，话题从古金币转到别的上面去了。忽然格兰汀想起了金币，但是，这枚金币不翼而飞了。

众座哗然。指责的指责，否认的否认，最后有人提出抄身的建议。大家深表赞同，只有雷勃反对。朋人们无不为之惊讶。

"你不同意抄身？"格兰汀问道。

雷勃涨红着脸说："是的，我反对抄身。"

"你是否明白，拒绝抄身意味着什么？"金币的主人不客气地追问道。

"我没有偷金币，所以我不允许抄身。"雷勃回答。

尽管如此，抄身照样进行。人们一个个把口袋翻开，等着搜查，但始终不见金币出来，于是众人的注意力又转移到雷勃身上。

"现在，你总不见得还坚持自己的意见了吧？"格兰汀问道。雷勃默不作声。主人气呼呼地走出了房间，雷勃则在众目睽睽之下，狼狈地退了出去。从此，雷勃的声誉一落千丈，人们有意避开他。雷勃更穷了。不久，他的妻子也离开了人间。

意想不到的事发生了。格兰汀家的房子大修，一位工人在地板缝里发现了那枚亮闪闪的古金币。

真相大白，格兰汀感到十分内疚。于是，他急忙跑进雷勃那破旧的小屋，连声向雷勃道歉。"不过，老弟，你也太固执了，既然金币不在你身上，当时何必反对抄身呢？"格兰汀嗔怪道。

雷勃那呆滞的目光停留在格兰汀的脸上。"不，我那时确实是个贼啊！几个星期来，我们全家老少实在饿坏了，我不得不把餐桌上的食物偷偷地装进自己的口袋，一心想让我那可怜的妻子跟孩子美美地吃上一顿啊。"

（选自《现代世界短篇小说选》）

这篇小说波澜起伏、回旋跌宕。开头设置了"生活贫苦"而"自尊心强""我没有偷金币”以及“狼狈退出”三处伏笔，与结尾“不，我那时确实是个贼啊！”“不得不把餐桌上的食物偷偷地装进自己的口袋”密切照应。

聚会上金币“不翼而飞”，平地起波澜。雷勃一再坚持反对搜身，文章由此产生了悬念——雷勃到底是不是偷了金币呢？找到金币，雷勃洗脱贼名。情节又暂趋平缓。但笔锋一转，“不，我那时确实是个贼啊！”情节发展既在意料之外，又在情理之中。

我们平时写记叙文，往往只注意叙事要有条理、线索清晰、结构完整，却看不到曲折和起伏。这样的文章虽然也使用一些叙事的手法，但读来总是缺乏点情趣。好文章是指叙事时有张有弛，起伏错落，能够激发人们紧张与期待的心理活动，以吸引读者。

抓住特征，因形见神

大自然既是我们肉身的居所，又是我们心灵的家园，亲近自然是人类与生俱来的情怀。虽然作家观察景物的角度不同，写作的切入点迥异，甚至作者笔下的自然风光和融入的思想感情也各有千秋，但有一点是相同的，那就是他们的作品都无一例外地抓住了景物的特征。

文学作品中的景物特征，既是客观的，又是主观的。自然景物是客观的，但是由于作者的心境不同，所感悟的地方也就不同。作者头脑里的景物特征已经深深印上了主观的痕迹，正如王国维在《人间词话》里所说：“一切景语，皆情语也。”

景物描写的标准是主观和客观的统一。自然景物是客观的，但写什么，不写什么，却全由作者的感悟来决定。《故都的秋》《沁园春·长沙》写的是不同的秋景，但都抓住了景物的特征——引起作者感悟的一面。所以，学习写景时，学生既要认真观察，对景物有准确的了解，又要找准景物与自己感情的契合点。只有这样，才能写得情景交融，形神兼备。

怎样才能抓住景物的特征呢？

1．生活之中学会认真观察，细心感受。

要走进自然，留心观察山川地貌、花草虫鱼、城市乡村、风土人情等。所谓观察不是单纯地去看、去寻找，而要把自己融入观察对象里去，在生活中去谛视，去聆听，去触摸，去品尝，全身心融入自然中去，从而摄取各种形象，汇集到大脑中。经过综合加工，把自己的认知和情感融入进去，获得新鲜的感受和印象，对景物有深入的理解。这样，笔下就会构成一幅形、声、色、味俱全的立体画面，写出来的文章才能使人感到“如临其境，如闻其声，如观其色，如嗅其味，如知其温”，给人美的享受。

2. 下笔之前先学会选择重点，展开联想。

下笔之前先选好主体，找准一篇文字的切入点，是集中写景抒情的关键。同时，好的写景状物文章，往往由眼前之景联想，延伸开去，创造出优美的意境，增强文章的美感，还便于作者在景物描写中渗透自己的感情，从而达到突出中心，深化主旨的目的。

3. 行文之时学会融情入文，“着我色彩”。

近代国学大师王国维说：“以我观物，物皆着我之色彩。”自然景物是客观的、无生命的，只有把外在的客观事物和内在的感情连接起来才能产生鲜明生动、印象深刻的情感共鸣，创造出情景交融的艺术境界。虽然由于作者的心境不同，感触最深的地方也有不同，但成功的写景状物文章，都是情景交融，景中有情，情中有景。

说到春天，我们立刻会想到朱自清先生的《春》。我们可以用诗一般的语言赞美春天，内容可以涉及鸟语花香、流水淙淙、春寒料峭、早梅初蕾等。可以以客观自然为主，以视觉观察为主，选材上要有主次之分，作写景抒情的散文；也可以描写发生在春天的人和事，写成一般的记叙文。春天，又是一个充满象征意义的概念，它代表着希望，因此我们可以给文中的春天赋予某种象征意义。如用“春天”来象征快乐的内心、良好的改革开放形势、浓厚的文化氛围等等。从抓紧时间的角度来写，当然也可以写成议论文。但有一点必须注意，无论是自然意义中的“春天”，还是象征意义中的“春天”，都要写出“春天”之特点。请看作家林斤澜是怎样描写北京的春风的：

北京人说：“春脖子短。”南方来的人觉着这个“脖子”有名无实，冬天刚过去，夏天就来到眼前了。

最激烈的意见是：“哪里会有什么春天，只见起风，起风，成天刮土，眼睛也睁不开，桌子一天擦100遍……”

其实，意见里说的景象，不冬不夏，还得承认是春天。不过不像南方的春天，那也的确。褒贬起来着重于春风，也有道理。

起初，我也怀念江南的春天，“暮春三月，江南草长，杂花生树，群莺乱飞”，这些名句是些老窖名酒，是色香味俱全的。这四句里没有提到风，风原是看不见的，又无所不在的。江南的春风抚摸大地，像柳丝的飘拂；体贴万物，像细雨的滋润。这才草长，花开，莺飞……

北京的春风真就是刮土吗？后来我有了别样的体会，那是下乡的好处。

我在京西的大山里，京东的山边上，曾数度“春脖子”。背阴的岩下，积雪不管立春、春分，只管冷森森的，没有开化的意思。是潭，是溪，是井台，还是泉边，凡带水的地方，都坚持着冰块、冰砚、冰溜、冰碴……一夜之间，春风来了。忽然，从塞外的莽莽草原、苍苍沙漠，滚滚而来。从关外扑过山头，漫过山梁，插山沟，灌山口，呜呜吹号，飞沙走石，扑在人脸上，如无数的针扎。

轰的一声，是哪里的河冰开裂吧。嘎的一声，是碗口大的病枝刮折了。有天夜里，我住的木头房子的木头架子，咯啦啦、咯啦啦响起来，晃起来，仿佛冬眠惊醒，伸懒腰，动弹胳膊腿，浑身关节挨个儿咯啦啦、咯啦啦地松动。

麦苗在霜冻里返青了，山桃在积雪里鼓苞了。清早，人们穿着老羊皮背心，用荆条背篓背带冰碴的羊粪，绕山嘴，上山梁，爬梯田。春风帮助呼哧呼哧的人们，把粪肥捎匀净，好不痛快。

北国的山民，喜欢力大无穷的好汉。到喜欢得不行时，连捎来的粗暴，也只觉得解气。要不，请想想，柳丝拂面般的抚摸，细雨滋润般的体贴，又怎么过草原，走沙漠，扑山梁？又怎么踢打开千里冰封和遍地赖着不走的积雪？

如果我回到江南，老是“乍暖还寒，最难将息”，老是“牛角淡淡的阳光”“牛屋蒙蒙的阴细”，整天好比穿着湿布衫，墙角落里发霉，长蘑菇，有死耗子味儿……怎能不怀念北国的春风！

当代作家林斤澜老先生，经常活跃在故乡的江南和工作的北京两地之间，对江南春风和北国的春风有着不一样的情怀、感受和认识。在这篇文章里他采用欲扬先抑的手法，通过对比烘托，把自己对北国春风别样的体会和哲思，抒写得淋漓尽致；为我们描绘了北国春风的粗犷豪迈、猛烈迅疾、强劲有力的特点；歌颂了它的勃勃生机，竭力扫尽残冬，催生万物的可贵品质；表达了对驱散严寒，带来春天的北国春风的无限怀念和深深敬意。

全文欲扬先抑，抒写怀念之情；对比烘托，突出春风的可爱；语言粗犷，透出春风的阳刚之美。写法上的另鸣新声，不拘一格，尤其值得借鉴。

想象，文学的实与虚

如果你打开《圣经·创世记》，或翻阅一下《希腊的神话和传说》，或想一想女娲补天一类的故事，你就会知道，人们完成自己民族的史前史，都离不开想象。

文学创作更离不开想象。在《文心雕龙·神思》篇中，刘勰谈到了文章的构思与想象的关系：

文之思也，其神远矣。故寂然凝虑，思接千载；悄然动容，视通万里。吟咏之间，吐纳珠玉之声；眉睫之前，卷舒风云之色：其思理之致乎？故思理为妙，神与物游。

的确，文章的构思在很大程度上依赖于想象，而想象又是虚构的前提。

那么，想象与虚构，跟我们通常强调的真实——在真人真事、真景实物中表现真情实感，是不是相矛盾呢？

我们说想象虚构与表达真情实感二者并不矛盾。作文是我们表达思想、情绪、意念的一种精神产品：一方面它是客观的社会生活在头脑中的反映；另一方面它又是经过头脑加工改造过的主观产物。因此作文并不是对生活进行简单的客观的复制，作文中的真实不是生活的真实，而是包含了主观认识、审美情趣的现实生活的再现。可以肯定地说，任何一篇作文或多或少地都存在虚构的成分，即使是记叙文、散文这类要求写真人真事的作文也是如此。一个高素质的人，必须有很好的想象能力，想象是创造的基础，没有想象便没有创造，而作文的虚构是培养想象能力的有效途径。

什么是想象？

心理学家认为,想象是在回忆和联想的基础上形成的一种创造性的思维活动和心理过程。在写作时，我们能就不在眼前的事物想出它的具体形象，或者在知觉材料的基础上，经过新的综合而创造出新的形象，这就叫想象。作文作为一种特殊的审美创造，不能简单地记录事实，而需要把日常的生活现象典型化，这就是孕育作品时的艺术构思过程。所谓典型化，就是化生活素材为具有典型意义的艺术形象，这是文学创作的基本规律之一。为此，必须经过艺术概括对生活进行选择、提炼、改造、集中，虚构出新的形象。

如何在作文中借助想象进行艺术虚构呢?

作文的内容来源于生活，然而却不是生活的简单翻版。写作时撷取生活中的素材，通过构思来表达对生活的认识，必然对生活素材有所取舍，并按我们对人物或事件的态度、看法、感情加以叙述和描写，这些就是艺术虚构。艺术虚构可以包括以下几个方面：

首先，虚构故事的人物。精炼的故事，不能缺少必要的人物。一般来说，人物的性格呈现多样性，但以一种性格为主。写人时，从表现人物性格的需要出发，可以虚构，甚至将这个人的性格“剪贴”到另一个人身上。虚构人物的同时，必须注意用人物本身独特的语言、动作、神态来塑造他们，不能简单地贴上自己喜好或者厌恶的标签。要从中意识到观察生活的重要性，体悟到观察生活的方法。

其次，虚构生动的情节。人物形象的鲜明离不开生动的情节，情节是人物性格的发展史。在文学创作中，作者有权把生活中的事件进行剪裁、加工、组接，大胆地虚构，不必完全拘泥于生活的真实。但是，虚构的情节一定要经得起推敲，符合生活的逻辑，一定要更集中，更有表现力，更能产生以情动人的艺术魅力。

第三，虚构语言、动作、神态、细节等。不善于描写人物的语言、动作、神态，会导致人物形象不够突出。究其原因是缺乏细致的观察，再就是不善于虚构。好的描写可达到以少胜多，点一睛而活全龙的效果。

最后，虚构特定的环境。一般来说，景物的烘托作用不在多，寥寥几句即可。有怎样的心情便有怎样的景物。当我们高兴时，所感受到的是“千里莺啼绿映红”的美妙景象；当我们悲哀时，眼前又是“花溅泪”“鸟惊心”的凄惨景象。

上面所讲的虚构不能脱离生活真实，不能将其错误地理解为凭空地、随心所欲地胡编乱造。任何凭空编造出的人物或故事情节都不符合艺术虚构的要求，因而是没有生命力的。虚构一方面必须从生活出发，以实际的生活素材为基础；另一方面它不是对生活现象的机械照搬，而是对客观现实的艺术超越。虚构而成的艺术形象，往往可以而且应该比现实更高、更鲜明、更集中、更典型、更突出、更具有代表性。只有在虚构时忠实地遵循客观事物发展的内在逻辑和规律，才能塑造出可以作为艺术的真实而且是被欣赏者所接受的艺术形象。

说起想象和虚构，我们自然会想到读过的许多寓言和童话。寓言中，往往用假托的故事或自然物的拟人手法来说明某个道理或教训，起到讽刺或劝诫的作用；童话里，充满了有益的幻想，通过夸张综合创造出既平凡又特异的形象，表现劳苦人民对幸福生活的追求和向往。

杨柳青年画久负盛名，因为它栩栩如生，民间流传着年画上的车马能变成真的、活的这样的传说，如果画上的事物变活了，人们就说画“鼓”了。

从前，杨柳青街上有座牌楼，牌楼下有家开豆腐坊的老两口，无儿无女，都快六十岁了，每天还得四更起来做豆腐。老头子担水，推磨；老婆子烧浆子，点豆腐，干到大天亮，卖了豆腐，交了官税，剩下的钱只够老两口的吃穿。他们多想有头小毛驴啊！要是有头小毛驴，替老头子拉磨，老头子帮着老婆子多做些豆腐卖，那该多好啊！

那一年腊月末，老两口卖完豆腐到街上买过年的东西去，在画市看到一张年画上画着一头小毛驴，支棱着的耳朵，白嘴，白眼窝，全身乌油油的像披着黑缎子，欢欢实实的真跟活的一样。老两口越看越爱，就买了这张年画，回到家，扫了房，高高地贴在磨坊里。

第二天夜里，老两口照常四更起来做豆腐。老头子推着磨，又想起画上的那头小毛驴来，抬头朝年画上一看，愣了：年画上的毛驴怎么不见了？他忙拿灯照照，又揉揉眼睛看看，年画成了一张白纸，小毛驴真没有了！他赶忙告诉老婆子，高兴地说：

“这回可好了！都说杨柳青年画一年‘鼓’一张，不知落何方，想不到今年却落在咱豆腐坊啦！运气，咱真运气！”

老婆子也高兴得拍着巴掌说：

“这可太好了！咱有了这张宝画，神驴替你拉磨，咱多做些豆腐卖，日子也该宽松了。等咱手头攒下钱，就买一头真的小毛驴，把年画供起来！”

“对！对！”

“可这神驴跑哪去了呢？”

“准是在外面撒欢呢！你想，它从年画上刚下来，浑身怪紧绷的，还不得打个滚儿，跑跑跳跳吗？”

老两口推开临街的大门，果然看见一头小黑驴撒着欢朝他们跑来了，站在他们面前，低下头，用嘴轻轻地在老头子的身上蹭着、蹭着，打着响鼻。老头子高兴地拍拍它的脑门，搔搔它的脖子，把它领进屋里。他们用麻绳、木板做了副小套，还用棉垫做了个软乎乎的套包子。他们给神驴套上套，神驴梗梗脖子，就一圈一圈地拉着小磨跑起来，不到一个时辰，把准备磨的豆子都磨完了。老头子给神驴解了套，忙提来清凉凉的井水；老婆子也忙端来料豆子。可是，神驴不吃不喝，抖抖身上的汗珠子，往前一窜，又回到画上去了。

从这以后，一到三更天，神驴就从年画上下来，站在磨道里等着。老头子给它套上套，它就“噔噔噔”地拉着小磨跑起来，不论你给准备多少豆子，不到一个时辰就磨完了。他们卖的豆腐越来越多，日子过得宽裕多了。

老头子干活轻松了，手头有了几个钱，不想着去买头真的小毛驴，却起了邪念。那天卖完豆腐，他小声跟老婆子商量：

“听说谁把宝贝献给当今皇上，谁就可以做官发财。咱把宝画揭下来献上去吧，省得再干活受累了。”

“哟！那可舍不得！咱这头神驴，就是给咱个皇上当，咱也不换！”

“唉，老婆子，你真傻，神驴再好，咱不是还得干活嘛！”

老头子不顾老婆子反对，蹬着凳子就揭年画。他刚把年画从墙上掀开一半，忽然神驴“啊——”地叫了一声，吓得老头子从凳子上摔下来，磕青了腿，碰破了头，把年画也撕破了，神驴再也不会下来帮他们干活了。老婆子又心疼老头子，又心疼宝画，拍着大腿埋怨说：

“你呀！日子刚宽松两天，就想邪门歪道！”

老头子也后悔莫及，咂着嘴说：

“唉，我呀，真是糊涂！神驴这一叫，我也明白了，不想走正道想邪道，连神也不帮助你啊！”

这是记载在《天津民风》上的一则故事，被收录在黄涛主编的《中国民间文学概论》中。

故事中年画上的驴变成了真正的驴，并帮着老人拉磨，这在现实生活中是不可能存在的。这样的幻想，表现了劳苦民众对幸福生活的强烈渴望。故事的结局，又告诫人们不能心生邪念，于奇思幻想中又寓含着教育意义。

这种想象其实是一种非现实的想象，是借助生活的原型，冲破现实的约束，跨地点、时空、领域的再创造，具有很强的主观因素。

好文章源于生活之思

——从社会生活评论的视角构思作文

我看过很多同学写的议论文，大多是看到题目里明示或暗示的某个观点，找一些事例和名言证明一番，结论是："你说得对呀！"至于自己的所思所想，独到的发现与思考，就很少。而大家用的例子，也多是司马迁的光照人寰，苏东坡的烟雨人生，牛顿的苹果，爱迪生的电灯，诸如此类。这样做的结果，只不过是为别人的观点找了几个论据而已。长此以往，必然是败坏了写作的兴致。

我想提醒大家，要写出好作文，就要留心生活，感知社会，清醒地直面人生，勇于发出自己的声音。白居易曾说过："文章合为时而著，歌诗合为事而作。"优秀的文章，都离不开对"时"与"事"的关注。我们在拿起笔的时候，要心系生活，评议万象，彰显对社会生活应有的观察和思考，表达出鲜明的立场和观点。

有这样一个作文题：

阅读下面的材料，根据要求写一篇不少于800字的文章。

有一个落魄不得志的人，总是抱怨自己的人生多么多么的不如意。一天，他遇见了智者。智者沉思良久，默然舀起一瓢水然后问他："这水是什么形状？"没等他回答，又把水倒入了杯子，这人恍然大悟："我知道了，水的形状像杯子。"智者无语，把杯子中的水倒入旁边的花瓶里，这人又悟道："我知道了，水的形状像花瓶。"智者摇头，把水倒入一个盛满沙土的盆里，水立刻就不见了。

这个人陷入了沉思。智者抓起一把沙土，说："看，水就这么消失了，这也是一生！"

这个人思忖良久，高兴地说："我知道了，您是通过水告诉我，社会处处像一个个规则的容器，人应该像水一样，盛进什么容器就是什么形状。"

智者说："是这样，又不是这样！"说完智者带他来到屋檐下，智者在一块青石板上摸了一会儿。这个人也把手伸向刚才智者所触之地，他找到了一个深深的凹处，仿佛顿悟。

智者说：“一到雨天，雨水就会从屋檐落下，这个凹处就是雨水落下的结果。”

这个人彻底地醒悟说：“我明白了，人可以被装入规则的容器里，但又应该像这小小的水滴，击穿这坚硬的青石板，直到改变容器。”

要求：请选择一个角度，明确立意，自选文体，自拟题目。不要脱离材料内容及含意的范围作文，不要套作，不得抄袭。

这则材料很容易让我们联想到人和社会的关系。可以有这样一些思考角度：

1. 人要适应社会，适者生存；

2. 人不能一味地“适应”，要用自己的力量给社会带来改变；

3. 人要适应社会但不能失去自己的个性与价值；

4. 人要张扬个性但不能违背规则；

5. 人与其抱怨环境不如改变自己；

……

每一个角度都有值得思考的地方。但怎样写才能让我们的思考更贴近生活，让我们的文章更能引起广泛的共鸣呢？

这就要把眼光放在当前的实际生活上。如果关注到很多人不成功，是适应能力太差的缘故，可以选择第一个角度立论；如果注意到生活中充斥着庸俗的社会学，人们不问是非，一味“适应”，可以考虑选择第二个角度；如果看到人们随波逐流、与世浮沉，无自我可言，可以考虑第三个角度；如果看到一些人心中只有自我，不愿自觉遵守公共的规则，可以考虑第四个角度；如果看到很多人只知埋怨社会却不能修身正己，可以选择第五个角度。就我本人而言，我会选择第三个角度，因为在此方面我自己的感受更深些。大家无论选择哪一个角度，原则是要有现实针对性，有话说。只有这样，才会对社会生活做具体可感的思考，不至于浑浑噩噩地议论一气，却无助于解决实际问题。

诸多角度中，哪一种是最好的？这取决于两个因素：一是现实针对性，二是个人感受程度。总有一个角度与其他角度比较起来更能解决当下迫切需要解决的问题，更能有益于时，有补于世。此外，在不同的时间里，群体中，人们对某一个方面可能感受得更深些，议论起来更有发言权，选择这个角度，就能讲得充分和深入。其实，两个因素是相辅相成的。

即使是同一个角度，不同时代的人写来，自会有很大的不同。同样讲适者生存，清末的人，民国的人，改革开放之初的人，加入世贸组织之后的人，所观察到的社会和思考的具体问题能一样吗？如果我们的文章只是拿几个老例子机械地证明一番，看不出时代特征，那怎能体现出当代人对于当下现实生活的观照呢？文字里没有时代气息，就如同我们自己没有生活在这个时代里一样。这样写出的作文，价值是极小的。

从社会生活评论的角度构思作文，就是要怀着一种强烈的社会责任感，能够创造性地发现问题和提出问题，并用新的观点深化对某种社会现象的认识，或抨击时弊，或倡导新风，或提出建议，或阐明事理，让笔锋自由地触及社会生活的各个方面。

从社会生活评论的角度构思作文，要有敏锐的洞察力。生活如一片海洋，呈现在每个人的面前，有人看到的是一叶风帆，有人看到的是一茎海草，有人看到的是鸥翔天宇，有人看到的是鱼游渊底……如果能对周围的世界保持一种新鲜感和敏锐感，善于透过纷繁芜杂的生活表象窥察其本质，就会发现和思考很多问题，提起笔来有话可说。

生活中，一件小事，一则新闻，一场比赛，一项发明，都可以引发我们的思考，激发起我们写作的愿望和动机、情绪和感受，只有认真观察，积极思考，才能有所发现，有所洞见。在此基础上，或借题发挥，或反面着笔，或沿波讨源，或开渠引水，从而做一个关心时事的人，思考社会的人。

为了让我们的作文更有现实感，有来自于实际生活的思考，我们需要了解和体察社会生活，纵论时政，横议世象，以此为契机，培养我们独立思考的意识、畅所欲言的胆量，从而写出有文采的文章的兴致。

鲁迅是一位热切地关注社会、思考生活的作家。他的文章细密深邃，源于对社会生活深刻的观察与体验。这篇文章写于 1934 年，鲁迅借以思考的材料都取自“公开的文字”，先是“总自夸着‘地大物博’”，“不久就不再自夸了，只希望着国联”，“现在是既不夸自己，也不信国联，改为一味求神拜佛，怀古伤今了”。当时的官僚和“社会名流”，以祈祷“解救国难”为名，多次在一些大城市举办“时轮金刚法会”“仁王护国法会”等，并造成一种失败和无望的悲观情绪。

从公开的文字上看起来：两年以前，我们总自夸着“地大物博”，是事实；不久就不再自夸了，只希望着国联，也是事实；现在是既不夸自己，也不信国联，改为一味求神拜佛，怀古伤今了——却也是事实。

于是有人慨叹曰："中国人失掉自信力了。"

如果单据这一点现象而论，自信其实是早就失掉了的。先前信"地"，信"物"，后来信"国联"，都没有相信过"自己"。假使这也算一种"信"，那也只能说中国人曾经有过"他信力"，自从对国联失望之后，便把这他信力都失掉了。

失掉了他信力，就会疑，一个转身，也许能够只相信了自己，倒是一条新生路，但不幸的是逐渐玄虚起来了。信"地"和"物"，还是切实的东西，国联就渺茫，不过这还可以令人不久就省悟（醒悟）到依赖它的不可靠。一到求神拜佛，可就玄虚之至了，有益或是有害，一时就找不出分明的结果来，它可以令人更长久的麻醉着自己。

中国人现在是在发展着"自欺力"。

"自欺"也并非现在的新东西，现在只不过日见其明显，笼罩了一切罢了。然而，在这笼罩之下，我们有并不失掉自信力的中国人在。

我们从古以来，就有埋头苦干的人，有拼命硬干的人，有为民请命的人，有舍身求法的人……虽是等于为帝王将相作家谱的所谓"正史"，也往往掩不住他们的光耀，这就是中国的脊梁。

这一类的人们，就是现在也何尝少呢？他们有确信，不自欺；他们在前仆后继的战斗，不过一面总在被摧残，被抹杀，消灭于黑暗中，不能为大家所知道罢了。说中国人失掉了自信力，用以指一部分人则可，倘若加于全体，那简直是诬蔑。

要论中国人，必须不被搽在表面的自欺欺人的脂粉所诓骗，却看看他的筋骨和脊梁。自信力的有无，状元宰相的文章是不足为据的，要自己去看地底下。

（选自鲁迅《中国人失掉自信力了吗》）

正是直面这样的现实，鲁迅先生发出了振聋发聩的呐喊。一个将思想与情感形诸文字的人，总是和他的时代密不可分，也只有做到这样，才能写出真正有价值、有分量的文字。鲁迅先生是一个好榜样。

我们生活在一个社会中，不能只是与世浮沉，还要清醒地去面对它、思考它。从古至今，关注现实、心系家国是中国读书人的优良传统。范仲淹"先天下之忧而忧"的名句传达了千百年来士大夫的炽热心声，东林书院"家事、国事、天下事，事事关心"的良训体现了密切关注社会现实生活的精神，“五四”新文学运动以来的大作家们几乎都写社会生活评论，如鲁迅就时刻关注着社会上种种复杂的现象，在重大社会事件发生时，全身心地给予关注和思考。如今的我们思想已日趋成熟，要满怀信心地拿起笔，描绘生活，评议万象，相信同学们会写出个性鲜明，彰显青年人特有的胸襟的好文章。

考场作文，是我们不能回避的话题，也需要系统地指导，从宏观到微观，有一个由整体到部分，再由部分到整体的认识。

答《中学生阅读》杂志问

1. 作文时要做到“符合题意”，有哪些基本要求？

“符合题意”应以明确语境为前提。近年试卷中的纯命题作文较少，往往给出一些材料或作一点提示。学生作文时要辨明材料的主旨，明确话题的范围，揣摩命题人的倾向，把握好这些环节，才能有的放矢，形成集中而具体的文思。

2. 高考作文多有“文体不限”“诗歌除外”等要求，以你多年评卷的经验来看，在文体方面应该注意什么？

“不限”是指在有限的文体中做自由的选择，考生确定了用哪一种文体后，要通篇按照选定文体来写作。在文体方面忌讳模棱两可，非驴非马，如写记叙文，就要考虑议论、抒情的精当；写议论文，就要考虑叙述语言的简约。要是选择了某一种较具个性的表达形式，如寓言、童话、书信、小说、戏剧等，就要通篇贯彻到底，不能中途易辙。任何形式的文字总是离不开几种基本的语言表达方式，写作时要明确它们之间的作用，切不可喧宾夺主，更不能本末倒置。

3. 在高考作文评分等级标准中，有“中心突出”“中心明确”“中心基本明确”“中心不明确”四个等级，学生在作文时，怎样才能做到“中心突出”？

知道自己要写什么是“突出”的前提。下笔前，先要针对某类现象、某种问题，形成鲜明的立场态度和情感倾向，再经过提炼，用简明的语言概括出文章的中心，结合拟定的中心，决定表达的形式和材料的取舍。

4. 在结构上，什么样的作文易得高分？

起承转合比较有层次感，过渡必要、自然、得体；段落适中，不宜分得很细碎，也不宜因过长而显得滞重。

5. 对于“感情真挚”“思想健康”这样的评分标准，评卷时主要依据什么给分？

感情真挚，表现为对某一观点或某种情感有表达的愿望。没有什么真正的感受，只是为完成一道题目而堆叠文字，文章就显得寡淡。思想健康，要求能正确地剖析问题，避免不良情绪。比如一个容易被问到的问题：社会阴暗面可不可以揭露？可以，但要有辩证认识。鞭挞假恶丑，弘扬真善美应该是一切文章的主旋律。积极、乐观、有理想、弘扬正义等传统美德，必然是任何时代不可缺少的。

6. 作文考试的要求分为基础等级和发展等级，发展等级中“深刻”“丰富”“有文采”“有创新”这四个层面的要求在记叙文、议论文、说明文及其他常见体裁的文章中有不同的体现，不同文体的作文分别要注意什么？

这四个层面不是纵向的，而是并列的，用四个字概括起来就是深、博、美、新。四样俱全不易做到，突出一两点是很可能的。如“深刻”，表现在行文中就是既能透视现象，又能挖掘本质；既能分析问题，又能寻求解决途径；既能阐述观点，又能切中现实生活。

7. 像关于屈原、李白、苏轼、爱迪生、爱因斯坦等比较老的素材，应如何处理才易得高分？

这些人文或科学领域的人物，大家都很熟悉，不易翻出新意，能避开是比较好的。如果用这样的材料，一种是采取简要概括式，将某一类人物的共同点或相似点提取出来，铺排成章。司马迁的《报任安书》，王勃的《滕王阁序》中有很好的例子。再一种是从他们身上挖掘出人们不经意发现的事例，或从习见的事例中引申出新的思考，收到常中见新的效果。

8. 请你对今年全国卷的高考作文做一下预测。

没那个本事。材料的含意指向更明显或给定的话题更具体也许是一种可能；带探究性质的题目也可以作为一种参考。

考场作文三谈

——基于学情了解及一次作文讲评的素材

和几个高三的学生讨论作文，他们提出一些共同的问题：一是题目拟不好，二是写起作文来不是“没话说”就是“话太多”，三是不容易引申开去。据了解，这也是很多学生写作文时经常会遇到的问题。基于上述三方面问题的思考，我这里粗略地谈几点看法。

一、关于拟题

有人说“题好文一半”，这虽然有些夸张，但也足见文题的重要。动笔的人大多懂得这个道理，但实践起来，又各有难处，以至于有的学生作文已经写完，题目还空着，最后只好不情愿地凑合一个。

拟题很难吗？并不难。那为什么拟不好呢？原因可能是多方面的，其中不乏随意性较大的问题。

我们以一组 2006 年高考（全国卷Ⅱ）考生的作文题为例，该文题要求根据所给材料选择一个侧面和一个角度，自己确定题目和主题。所给的材料如下：

目前中国读书的人越来越少：1999 年为 60%，2001 年为 52%。造成这种状况的原因是多方面的。现在的人为什么不读书？中年人说没时间，青年人说不习惯。还有的人说买不起书。相反网上阅读的人越来越多：1999 年是 3.7%，2003 年是 18.3%。

我们在批卷中随机收集了部分考生的作文题目，在这里分类列举：

文题特征	典型题目举例
紧扣材料 态度鲜明 富有文采	1.生命如树，书香如泉 2.追寻那份芳香 3.充实知识，打磨心灵 4.一叶扁舟有书海 5. 留住那一份净土 6.在精神花园中享受生活 7.书——人类文明的通途 8.书——心灵的皈依 9.腹有诗书气自华
紧扣材料 态度鲜明	1.融入知识的海洋 2.传统，我们怎样坚守？ 3.书籍是人类进步的阶梯 4.补补读书课 5.因为阅读，所以快乐 6.让传统与新潮携手 7.留一份书香 8.纸上得来，还是网上得来？ 9.书中的人生 10.坚守的灵魂
话题突出 散文取向	1.书巢 2.书魂 3.书页芳香 4.倾听心泉叮咚 5.心中的一泓清泉 6.渠清如许 7.行走书香中
过于宽泛 大而无当	1.新文化与旧文化 2.文化教育 3.时代 4.发展 5.进化 6.和谐 7.诱惑 8.千年一叹 9.三代同堂 10.冲击
讨论指向偏颇：单从题目看有偏题之嫌，未能直指材料	1.识字的人为什么不读书 2.新事物的发展规律 3.文明的起源 4.网上阅读，势在必行 5.生活水平在提高 6.信息时代 7.抛弃何尝不是美 8.人口增长太快 9.社会在进步 10.中国的教育 11.精神文明更重要 12.信息时代 13.精神文明 14.一蓑烟雨任平生 15.巨龙的腾飞 16.博闻强识 17.师夷长技以自强 18.精神之花 19.面对新兴事物的态度 20.网上阅读的好处 21.现实与虚拟 22.永远做个中国人 23.选择行动 24.网络流行病 25.走进社会的新时代 26.传统文化与现代文化的和谐 27.社会和我们共同成长 28.信息时代的利弊 29.有一种品质叫真实 30.方便，快捷
形式不可取的文题	1. 社会在进步？后退？ 2.人生的价值＝精神生活／物质生活 3.图书阅读≠网上阅读 4.传统的？新兴的？ 5.书，人类还要不要？

事实上，每个题目未必能反映作文的全貌，这种归类也只是为了分析的便利，未必尽是合适的。但我们仍能够从中发现问题：有相当数量的考生作文标题拟不好。表中的前三类，应该是较好的题目，后三类，都有待改进。怎么改进呢？这里谈三点想法：

第一，拟题要有文体意识。

我们看一些名家的文章题目：

《藤野先生》《背影》《赤子其人，星斗其文》——这是叙事而怀人的文字，题目点出了所怀之人或怀念的重点。《故都的秋》《西湖漫笔》《黄山记》——这是缘景以明情的文字，题目点出了文章描写的重心。《中国人失掉了自信力了吗》《反对党八股》《实践是检验真理的唯一标准》——这是寓说理于议事的文字，题目点出了讨论的话题或立意的取向。

写文章，落笔之前，先要考虑写作的目的和形式。文体限定了表达的语言形式，也决定着材料的取舍，是不能不先做选择的。

第二，拟题要有立意方面的考虑。

文不对题，是要不得的，反过来也是一样。题目如同一个人的眼睛，是一篇文章的聚焦点。古人讲“意在笔先”，是很有道理的。刚一起笔，也许还没有完整的思考，但那一缕思绪，一点动议，是先要在那里体现出来的。题目虽不是文章本身，但它起着一个统领的作用。文章都写出来了，题目还没有，这是被动作文的结果，从积极的方面考虑，应该是先有一个题目，再铺衍成篇的。谱一支曲，画一幅画，写一篇文，都要考虑好“这一次，拟个什么题目”的问题。

第三，拟题要有应试意识。

这是由写作的目的和考场作文的体制决定的。我们以高三第 3 次模拟考试（2013 届）的作文为例来探讨这个问题。命题如下：

阅读下面的文字，根据要求作文。

一位古诗人写道：“人生无根蒂，飘如陌上尘。”

一位哲人则说：“一个生命之树伟岸的人，首先是一个灵魂根系深广的人。”

泰戈尔说：“根是地下的枝，枝是空中的根。”

有人曾完整地掘出一株大树的根，那蜿蜒的根系竟是树冠领有空间的两倍。

请根据自己对以上材料的理解，自选角度，自定立意，写一篇文章。文体不限，不少于 800 字。

析题：这个命题给了四则材料。第一则来自陶渊明的《杂诗》，原文为“人生无根蒂，飘如陌上尘。分散逐风转，此已非常身。落地为兄弟，何必骨肉亲！得欢当作乐，斗酒聚比邻。

盛年不重来，一日难再晨。及时当勉励，岁月不待人。”原文是给人生做一个形象的比喻。出题人似乎将其视作一个假设了，即人生若无根蒂，就如陌上的飘尘。第二则可以看作是与第一则的对比。第三则将“根”形象化，便于理解抽象的“根”，即人的灵魂、精神等非物质的东西。第四则借助一个实例说明根深叶茂的道理。这样看来，整体的命题取向就勾勒出来了。文题意在引导考生思考“根”与人生的话题。“根”又指什么呢？应该是促使人生坚实的精神内涵、思想境界、道德修养。这样理解很笼统，可以根据具体的感受与认识加以思考，诸如亲情、故乡、民族文化、诚信、执着、勇气、决断、智慧、自立自强、进取心、爱心等等。文学是化抽象为形象，化理性为感性的，写作时要具体到可知可感的具体观照中，避免大而无当，空言寡情。

审题功夫下得如何，从拟题上也可以看出端倪。

有的文题很醒目，像《人生需要根蒂》《欲发展人生，先茂盛其根》《根深才能蒂固》《灵魂的深度成就生命的高度》《生命如树，智慧如根》《生命是树，灵魂是根》《根系深广成就伟岸生命》《用灵魂之根拴住生命之树》《根蒂深长，则人生充实》《植根于生命的热土》《深度人生，成就自我》《树欲茂根须长》《木岂无本，人当有根》等。

有的文题很特别，像《有根的流浪者》《至少我还有根》《楼房下面是什么》《像树一样活着》。

有的文题明显存在不足，像《角度一变，精彩无限》《根——本》《落叶归根》《让灵魂之根永铸》《魂根不朽》《根的延伸》《人生若无根，命过不留痕》《无根之木，何以百年？》《根植于深，果实方累》等。

综合以上情况，在考场中较好的作文标题（以议论文为例），应具备以下几点：

1. 要符合题意，对命题所限定的思考对象、思考范围有准确的把握。如果“题（考生拟题）不对题（考试命题）”，就很难沿着较正确的思路行文。

2. 角度不宜大，尽可能具体化。800 字的一篇文章，最好是循着“以小见大”的路线，避免架子搭得很大，没有具体的内容。

3. 要精心润色。不一定很有文采，但要具有合乎规范的形式，在表意或表情上有所考虑，使文题凝练、醒目，具有概括性和吸引力。

二、关于熔裁

写作文有时“没话说”，有时“话太多”。这里讨论一下“话太多”的情况。

我们可以借助刘勰的相关论述来思考这个问题。《文心雕龙》里有一篇叫《熔裁》，是专门论述“炼意”与“炼辞”问题的。

“话太多”主要是不会裁舍。譬如我们制一件衣裳，总是要根据身形确定好前襟后背、衣领衣袖的尺寸，再裁剪缝合起来。文章也是如此，没有基于写作目的的明确的尺度，衣领做成了下摆，衣袖比前襟还肥大，自然是不得体的。“话太多”，就是在不该肥大处肥大了的缘故。刘勰说得好：“句有可削，足见其疏；字不得减，乃知其密。”

什么情况下容易“话太多”呢？就是在没有想好到底要表达什么的时候。刘勰说：“规范本体谓之熔，剪截浮词谓之裁。裁则芜秽不生，熔则纲领昭畅，譬绳墨之审分，斧斤之斫削矣。骈拇枝指，由侈于性，附赘悬肬，实侈于形。”“规范本体”，一方面是文体，涉及为文的目的；另一方面是立意，文体清楚了，立意明确了，就有了对文章之重心的把握。“剪截浮词”，就是把不符合文体和立意的话剔除。这样达到的效果是“芜秽不生”“纲领昭畅”，也就是没有语言垃圾，主旨更为明了。

“话太多”，就是说了不必要的话。是否有必要的标准，要看表达什么意思。“立意”不明确，行文时犹疑不定，会衍生出无谓的枝节，使得“意”太繁；“立意”不集中，取材时模棱两可，出现似是而非的论据，使得“话”太多。

要解决问题，需从以下几个方面入手：

1. 要仔细揣摩题意。

审题的功夫，在考场作文中是最基本也是最关键的。我们常在试卷中看到这样的话：“要求选准角度，明确立意，自选文体，自拟标题；不要脱离材料内容及含意范围作文，不要套作，不得抄袭。”其中“材料内容及含意范围”正是命题的核心，要做到“符合题意”就不能脱离这个核心。

揣摩题意意味着要围绕所给材料概括内容，把握含意，明确讨论的范围。学生要将材料作为一个整体来审视，能用一句话进行概括。抓住一点，不及其余的做法，在分析材料中是万万要不得的。内容背后是材料的含意，对内容理解偏颇，就会影响到对含意的认识。而对内容及含意的理解直接决定了能否在合适的范围内展开思考。

以上述模拟考试的作文题为例，内容为关于“根”的思考和认识，其含意是事物的“根”对事物发展起着至关重要的作用，作文的范围是思考“根”与人生的话题，即思考一种具有“根”性意义的力量对于人成长、生活、成就伟岸生命的意义。

中心越是明确，讨论问题越是集中，就越容易调动优势兵力，集中力量打歼灭战。“话太多”，就是目标不集中，散兵游勇太多的缘故。当然，不同的人使用语言时本有“话多”与“话少”的差异，但只要明确目标，就会省去许多不必要的话，使语言变得简洁，有力量。

2. 要明确自己到底想说什么。

凡提出一个主张，表达一种见解，总要清楚自己是针对什么人什么事，要避免无的放矢。对于一个观点、一种论调、一类现象，要分析它的特征，挖掘它的本质，寻出它的根源，从而理出头绪，判明利害，在此基础上做出自己的判断，表明自己的立场。这就是所说的抓住了关键。很多温暾水式的文章，缺少独立的思考和判断，一个很重要的原因是学生并不知道自己为什么要作文，要表达什么具体的意见。

3. 要会“讲理”。

生活中，有一些不讲理的人经常会找人打架或被找着打架。文章要是不会讲理，即使没人找你打架，至少你也说服不了人家。我们写一大篇出来，连周围的几个人都不能被感动，那文章还有什么价值呢？要是所做的事总是没什么价值，我们不是在做无用功吗？

要会讲理，就要做到自己说的在别人看来“是那么个理儿”。你要证明一个人犯了错，总要指出相应的事实。写文章正是这样，要赞成或反对一种观念、一个观点，总要拿出相应的事实。“相应”是尤为重要的，“相应”才有说服力，“相应”才顺理成章。不是“差不多”就行，而是要恰如其分。建筑上为了装饰，工人可以做一道假梁，但在文章里，最好连一块多余的“砖”也不要有。

三、关于生发

写文章无话可说，也是学生常遇到的情况之一。怎样避免“没话说”的情况呢？这里谈两点：一是明确说什么；二是学会说开去。

1. 怎样做到明确自己说什么呢?

这两年，有一种新材料作文，即作文题只给材料，不给话题，也不加入出题人的提示。如2010年新课标全国卷（辽吉等省）的作文题：

阅读下面的材料，根据要求写一篇不少于800字的文章。

有一种热带观赏鱼，在小鱼缸里不管养多长时间，也只能长到3寸来长。然而，将这种鱼放到大水池中，两个月就可以长到一尺长。

狼是一种有极强好奇心的动物，它们对周围的环境总是充满兴趣，不断体验，从而躲避危险，发现食物，顽强地生存下来。

心理学家罗森塔尔曾随机挑选出一些学生作为“最有前途者”，然后将名单交给班主任。由于老师对这些学生寄予了更大的期望，八个月后，他们的成绩明显提高。

以上现象启发人们认识到人才成长是有一定规律的。

要求选准角度，明确立意，自选文体，自拟标题；不要脱离材料内容及含意范围作文，不要套作，不得抄袭。

这道题还残存着一个以往材料作文和话题作文的尾巴，那就是“以上现象启发人们认识到人才成长是有一定规律的”一句。它做了一个笼统的引导，提示考生注意从材料中认识人才成长的某种规律。

再后来，这样的提示也不见了，作文题变成了“裸材料”。如2012年新课标全国卷（辽吉等省）的作文题：

阅读下面的材料，根据要求写一篇不少于800字的文章。

船主请一位修船工给自己的小船刷油漆。修船工刷漆的时候，发现船底有个小洞，就顺手给补了。

过了些日子，船主来到他家里道谢，送上一个大红包。

修船工感到奇怪，说：“您已经给过工钱了。”

船主说：“对，那是刷油漆的钱，这是补洞的报酬。”

修船工说：“哦，那只是顺手做的一件小事……”

船主感激地说：“当得知孩子们划船去海上之后，我才想起船底有洞这事儿，绝望极了，觉得他们肯定回不来了。等到他们平安归来，我才明白是您救了他们。”

要求选好角度，确定立意，明确文体，自拟标题；不要脱离材料内容及含意的范围作文，不要套作，不得抄袭。

这种命题看上去给了答题人一个很宽的思考范围，让人有一种可以“上穷碧落下黄泉”的错觉，但实际上也是有约束和限定的——任何考试作文都是“命题作文”。这种约束和限定就是“材料内容及含意的范围”，谁忽略了这一点，就可能出现审题的失当。

只有降低了审题难度的作文题，没有不需要审题的作文题。实际上，材料本身就是给思考与写作提供了一个“由头”，启发答题人由“这一个”想到“这一类”，由材料联想到熟悉的生活，借以表达自己的观点。

要做到明确说什么，就要准确把握材料内容并明确材料含意，从而确定思考的范围。面对这样的作文题，能准确概括材料及其含意是关键。像2010年考题给出的材料中热带观赏鱼的例子说明鱼的成长与所处环境关系密切，空间的大小甚至影响到鱼的大小；狼的例子说明对环境的了解和适应对动物生存与成长意义重大；心理实验的例子则表明，给学生成长提供什么样的人文环境，会影响到个体的发展。再结合后面的提示，很容易确定讨论的话题为“环境与成长的关系”，据此就明确了思考的范围。至于个体的创作中有怎样的侧重、创意和发挥，都要不脱离这个“材料内容及含意的范围”。

有些同学看到“选好角度，确定立意，明确文体，自拟标题”的话，就误认为可以“随心所欲”，这是要不得的。面对2012年这样的命题方式，更要仔细辨析“材料内容及含意的范围”。材料中涉及两个人：船主和修船工。材料包含几个小事件：修船工刷漆时顺手补了船底的小洞；船主的孩子因为修船工的顺手补洞而免于灾难；船主专程为修船工送上一个大红包。这一对雇主和雇工的故事中，修船工不计报酬地顺手补洞和船主满怀感激地知恩图报，放在当今社会中，能够引起人们很多联想和感慨。学生循着对材料的内容及其含意的认识，讨论的范围也就确定了：谈一谈由不计回报地顺手为善和满怀感激地报答恩情这一类事引起的联想、感受和认识。

写作文“没话说”，有时并不是真的没有话，而是没有清楚要说什么。连自己都不明确要说什么，怎么能谈到观点明确、选材精当、条理清楚呢？

2. 怎样能够把话说开去呢？

“说开去”，含着一个由此及彼的过程。“此”就是材料的内容及含意，这是文思的原点；

“彼”就是从原点出发而做出的联想和思考。我们平日里自由写作，凭的是一时的“灵感”，而考场作文，材料是创作的引子。学生写作时可以由所给材料引起相似联想、相反联想和相关联想，进一步打开思路。

还是以2012年新课标全国卷（辽吉等省）的作文题为例：

我们可以先做相似的联想，由船主想到许多知恩图报的人和事，由修船工想到许多做了好事并不张扬也不期求什么回报的事情；我们还可以做相反的联想，想到并不知恩图报的人，想到哪怕是举手之劳也不肯为之的人，想到没有利益“拔一毛而利天下不为也”的现象。这样，我们的思绪就能由“这一个”（材料）而推及“这一类”和与之截然相反的一类。

例谈作文的结构严谨和文从字顺

这里仅就一次考试作文来谈，方式是把自己的想法附在文中或文末。作文的命题及例文来自试卷，这要感谢命题人所做的具体而又耐心的工作。我的工作只是对考生作文进行评点，属于人家造酒我来尝一类。

【作文命题】

阅读下面的材料，根据要求写一篇不少于800字的文章。

为了在沙漠干旱恶劣的环境中生存，仙人掌把叶片蜷缩成针刺，以减少水分蒸发，在大漠中安营扎寨。沙漠大黄则向四面伸展肥硕碧绿的叶片，通过叶片上许多凸凹不平的纹理，将落到叶子上的每一滴水都导流到根部，开出娇艳的花朵。

它们的生存方式，引发了人们许多思考：有的人说，在恶劣的环境中，仙人掌和大黄都有自己的生存智慧；也有人说，在困境中，蜷缩内敛的仙人掌活得从容；还有人说，在困境中，舒展张扬的沙漠大黄活得灿烂……

要求：请结合材料，展开联想，选好角度，明确立意，自选文体（除诗歌外），自拟标题，不要脱离材料内容和含意的范围作文。

【例文评点】

例一　重点谈文章的结构和逻辑

度难多法

张永艺

（分析：从文题看得出是受所给材料的启发，题中含着观点态度，简洁明了。辨析“度”和“渡”两字，写作“渡难多法”为好。）

在前进的道路上遇到一条阻拦的河流，怎么办？可以渡河、过桥或绕行。同样，面对恶劣的环境和困难，我们也可以采取不同的方法，来度过苦难。

（分析：开篇点题，紧扣材料，要言不烦。“度过”应为“渡过”。）

隐忍内敛，坚持并默默承受，可度过苦难。人生来既有抵御恶劣环境的能力，也有着隐忍承受的性格。为了心中的信念和目标，咬紧牙关坚持。“文王拘而演《周易》，仲尼厄而作《春秋》，屈原放逐，乃赋《离骚》，左丘失明，厥有《国语》，孙子膑脚，《兵法》修列，韩非囚秦，《说难》《孤愤》……”历史上这些伟人，皆是经历过重大的苦难的，他们没有激进叫嚣着哀号，只是默默地承受了上天赐予的一切苦难和不公，隐忍内敛，坚持着完成巨著，实现了人生的价值。隐忍内敛，可度过苦难。

（分析：这是由仙人掌而得出的启示，暗合材料。这种方法值得提倡，做到了不离材料，又不局限于材料。这段文字在写作时有结构意识，第一句是分论点，接下来的两句展开，然后举例，最后将材料与观点结合在一起进行概括，体现了论证的过程。整段文字是一个结构完整的语段。不足之处：一是句子间的连贯性不够，如第三句与第二句的衔接显得生硬；二是对引文有待辨析，用司马迁列举的这些历史人物事迹来证明本段的观点，材料与观点的贴合度不够好。）

张扬乐观，尽情抛却包袱，将愤懑苦痛发泄出来，亦可度过苦难。人面对困境，往往被自己吓倒，不能够战胜内心的恐惧，被愤懑围困，才被负面情绪所累，伏倒于困境。一位悲观者被无意关在了冷气室，他内心极度惶恐，认为自己一定会死亡，便不再试图取暖或逃离，终死于此。可冷气室当时并未开制冷机，温度不致过低。他是因负面情绪而死亡。因此，我们在困境中，要努力脱去思想包袱，保持着乐观积极的心态，将负面情绪发泄出去，不管环境多么恶劣，只要内心没有被恐惧所围困，就一定能够度过苦难。

（分析：这是由沙漠大黄而得到的启示吧。本段与上一段构成并列关系，从另一个角度探讨“渡难”之法。但本段所说的“将愤懑苦痛发泄出来”“将负面情绪发泄出去”等语，是由沙漠大黄而来的联想吗？联系材料似乎谈不上暗合，引申的思考有待斟酌。另外，本段从反面举例，没能进一步证明段首的分论点，悲观者的例子也不能与下文的“综上所述”产生合适的关联。这就暴露出思考的不够周密，也就是在逻辑上出了问题。我们论述的观点要无懈可击，严谨的逻辑本身就是一种论辩的力量。）

综上所述，生活中的苦难是躲不过的，而度过苦难的方法亦是多种多样。我们可以内敛隐忍默默地承受，也可以张扬乐观，发泄出负面情绪，这都能度过苦难，走出绝境，可到底应采取何种方法呢？因人而异，因事而异。

如果是内心有坚定信念的人，大可内敛隐忍，因为他们有足够的勇气，无须他人怜悯同情，只需意志坚定，默默承担，便可熬出苦难。若是命运不可违抗，事实不可改变，便也不能隐忍。如果是内心不够阳光乐观的人，便定要抛却思想包袱，乐观张扬地度过苦难，或是对于一些可经努力而改变的困境，要张扬乐观地去改变、补救、抗争，泄出负面情绪，方可度过苦难。

（分析：这段说“若是命运不可违抗，事实不可改变，便也不能隐忍”，这与上文是不是有些矛盾呢？）

度难多法，每个人都要选择适宜的方法，才能更好地经历和摆脱困难，开拓精彩的未来。

简评：本文立意好，文题好。从两种沙漠植物引申出关于内敛与张扬的认识，体现了不同的“渡难”之法。确实，他们在困境中呈现出不同的生命姿态，给我们以启迪。但内敛与张扬又是矛盾的，如果认定其中的一种抉择是对的，另一种就会不合适。其实本文是想说两种不同的抉择正是面对困境时两种不同的态度，都是“渡难”之法。但说后者是“内心不够阳光乐观的人”的选择，就显得不合适。本文的结构是好的，如果在段内以至全篇都表现出严谨的思考，会更具说服力。

例二　重点谈遣词造句要仔细推敲

困境之中的绚丽人生

刘炎杨

生命之中，必然有无数困境。有的人沉溺忧愁之中，抱憾一生；有的人心存恐惧，最终两手空归；有的人就活在不敢正视困难的世界里，虚度光阴。而我以为，困境之中也可以有绚丽的人生，逆境里也会有舒展张扬的勇士，为自己的柳暗花明而奋斗。

（分析：从文题到首段的表述，依据材料所做的生发是很好的。对材料的内容和含意的范围有准确的理解，并且能开篇擒题。美中不足的是“必然”一词用语过重，太绝对；“有的人”三句，用的是排比修辞，但语意单调，没有起到排比的作用；“而我以为……为自己的柳暗花明奋斗”一句，句子前后不搭配。）

他是诗人食指。在那个动乱的年代，无数的正义青年们被迫害，我想食指也必定经历了巨大的磨难。但是，他没有怯懦，“当我的紫葡萄化为深秋的露水……我依然固执地用凝露的枯藤，在凄凉的大地上写下：相信未来”。这是对他个性张扬乐观不言弃的最好诠释。的确，食指在困境中也同样收获了灿烂的人生，并且以此激励了一代代的青年志士。困境之中，他奋力彰显出自己的思想，不仅换取了他的绚丽人生，同样也为他人做出了很大的贡献，以精神上的丰富走过了重重困境。

（分析：“无数的正义青年们”一句，前有“无数的”，后面应去掉“们”字。“这是对他个性张扬乐观不言弃的最好诠释”一句，接上文不妥，本身又是病句，可改为“这是他个性张扬乐观不言弃精神的最好诠释”。“食指在困境中也同样收获了灿烂的人生”一句，没有必要用一个“也”字。）

文坛的巨匠杜甫，他穷困一生却并不潦倒，身处逆境中却如战士一般书写自己内心的豪迈，“安得广厦千万间，大庇天下寒士俱欢颜”这就是一位真正的巨人，他用笔张扬出自己的壮志，即便命运多坎坷，也能如此这般不屈服。他的一生，注定不平凡。杜甫用他的诗句，证明了张扬豪壮才是身陷逆境中最好的选择，生命之绚烂也出于这一点了。

（分析：举例遵循古今中外的顺序为好，大家都这么认为。但也许有一点突破也无妨。两个都是诗人，系同类事例的重复列举，没有在前一段的基础上表现出什么新意。类似性不如递进性。本段对杜甫的评议，显然是为了自己的需要而将材料处理得过于随意了。将“大庇天下寒士”的理想看作是“内心的豪迈”，认为是“证明了张扬豪壮”，“是身陷逆境中最好的选择”，这显得强词夺理了。遣词造句很重要的一个原则是要用准确的词语表达自己确实理解到的东西，不能想当然。这里还不只是词句的问题，更是一个理解和判断的问题，凡是尚未透彻理解的东西要深入理解，不能牵强附会。）

当然，也有无数的人自暴自弃，在不堪的压力下，在动乱的年代中，放弃对他们来说是最快捷的选择。然而生命只有一次，困难重重下的他们选择放弃，终究不会有灿烂的生命，也终不会有名传千古的机会。他们收起了张扬的斗志，渐渐走向衰亡，像老舍作品中的“祥子”，在丧失张扬的勇敢后就只剩下一个腐朽的躯壳罢了。

（分析：与上两段构成对比，只是泛谈，上下文不是很协调。“像老舍作品中的‘祥子’，在丧失张扬的勇敢后就只剩下一个腐朽的躯壳罢了。”这也是需要仔细辨析的表述。）

所以说，处于困境，张扬奋进就是最好的状态，这是人类灵魂所迸发出的力量，这就是生命的勇士，这就是逆境中的希望！当今时代的我们，在历史的纵横下，更应该有如此的生活态度。生命中的绚烂，就是要在逆境中也张扬真我中完美诠释的。行进在困境中，我们应该以最勇敢、张扬的状态，冲破风浪，犹如舒展张扬的沙漠大黄一般，高昂头颅，彰显出无畏的气魄，赢得生命的曙光，活出生命的灿烂。

（分析：“张扬奋进……这就是生命的勇士”句子搭配不当。“在历史的纵横下”，令人费解。“生命中的绚烂，就是要在逆境中也张扬真我中诠释的”，不通顺。此前未提及沙漠大黄，“犹如舒展张扬的沙漠大黄一般”一句，出语突兀。）

简评：这篇文章，在论据选取和论证条理方面还要下许多精细的功夫，姑且不论。单就遣词造句来说，还有很多要注意之处，文通字顺、表达连贯是写作的基本要求，运用语言时要能够瞻前顾后，求得上下文的照应；要字斟句酌，求得表意的明白准确。

【评点感言】

每览学生之作，常常会在眼前出现璞玉的形象。一个高中生，心如璞玉，文如璞玉，正需要不断地雕琢。

选修不能盲修，要车过留辙

——以《中国文化经典研读》为例

在中学里开设选修课，是近几年高中课程的一项显著变化。这项工作，我们走过的路并不长，评价十年或者更短时间的实践，我们只能说这是一个小小的开端。从理论上说，选修课是学生完成必修课学习之后，根据自己的兴趣、专长自主选择的课程，在实施过程中，“更应该致力让学生有选择地学习，促进学生有个性地发展。”（《普通高中语文课程标准》）

我们目前的高中语文选修课教材，还是“立意+选篇”的格局，几个单元围绕着一个主题。这在形式上与必修教材没有什么区别。但在使用上，应该是有别于必修教材的。这里以《中国文化经典研读》为例，提倡一种选修课教学的引领思路。这个思路可以概括为：经典导读——思考探究——拓展丰富。

示例一：儒道互补

【经典导读】

千百年来，儒、道思想如同我们中国人最老的祖父和祖母，将精神的种子植根在一代代人的生命里，社会的伦常、自然的法则、进与退的思辨、穷与达的咏叹，都化作缕缕哲思，飘散在我们民族的集体记忆中。阅读这一单元的文章，学生将进一步了解儒、道两家的一些基本的处世观点和人生态度。

我们中国人很少不在自己的人生中谈及“孔、孟、老、庄”的，但时代的不同、认知的差异往往导致千殊百异的解读。只有了解古代先贤所面对的实际问题，倾听他们在特定的社会氛围中所发出的声音，做到知人论世，才能做出较客观的判断，得出较接近真实的结论。要走进先哲的精神世界，第一步要细读原作。无论是“孔孟”，还是“老庄”，同学们对他们的一些言论并不陌生，阅读《〈论语〉十则》《〈老子〉五章》等选文时，对有些语句会有似曾相识之感。学生研读时要借助注释和工具书，准确把握语句的含义，尤其是“礼”“仁”“道”

等涉及儒、道思想内核的概念，更要用心体会。《老子》中的文章，同学们在语文课文中第一次接触，相关的积累可能很少，加之《老子》一书具有很强的思辨色彩，形而上的东西比较多，理解起来有一定难度，应该是这个单元学习的难点，要多下一些功夫学习。很多言论学生可以随着阅读的深入和阅历的增长逐渐加深理解，但前提是能准确把握语义，避免误读，以讹传讹。

古人已被埋进黄土，而我们正生息延续，所以在学习和应用中，要让古人的思想有益于我们认识今天的生活和社会。要明确“孔、孟、老、庄”是在怎样的社会环境下形成自己的学说，他们维护什么，反对什么；参考不同时代的人对儒、道思想所做出的评价，了解后人对两种思想的批判与继承，也要考虑不同观点所产生的具体时代背景；今天的我们，也是结合我们时代的具体问题，本着“取其精华，弃其糟粕”的态度继承和发展古人的思想。因此，我们在学习时要善于思考，多质疑，多分析，做到古为今用。这样，我们学到的东西才不会是死的，而是历久弥新的。

长久以来，面对政治经济生活和意识形态领域的诸多困惑，许多西方学者将目光投向古老的东方，试图在中国人的智慧中找到解决问题的答案，他们也确实在中国的哲学中得到了许多有益的启示。作为中华儿女，我们有责任和义务将我们古老的传统继承、发扬、光大，让现代中国在古圣先贤的思想之光的沐浴中，为人类文明做出更大的贡献。

【思考探究】

1. 请概括出儒、道两家基本的处世观和人生态度。
2. 查找资料，分别概括老子和孔子所处时代的特点。
3. 儒、道两家的思想在关于人与社会的思考上给你哪些启示？
4. 你认为如何让儒、道思想在今天和未来发挥积极的作用？

【拓展丰富】

1. 西方哲人眼中的东方圣人。

可阅读卡尔·雅斯贝尔斯的《大哲学家》，了解西方人如何在比较中定位孔子在世界思想文化史上的地位和影响。

2. 从伦理发展角度评道家。

可阅读蔡元培的《中国伦理学史》，了解中国学人对道家思想的审视。

3. 思想家眼中的思想家及其思想。

可阅读鲁迅的《在现代中国的孔夫子》一文，了解孔子及其思想的变迁。

示例二：春秋笔法

【经典导读】

在先秦时代风云变幻的社会条件下，产生了中国最早的一批历史著作，这些著作奠定了中国史学的基本精神，开中国史家重实录、讲褒贬叙事风格的先河。

同学们都知道，《三国演义》中的关云长被看作“义”的化身，而与他始终相伴，不肯一日废离的一本书就是《春秋》。《春秋》是我国历史上一部影响深远的历史著作，实乃浩浩青史中义薄云天的典范。围绕《春秋》的阐释，出现了被称为“春秋三传”的《左传》《公羊传》《穀梁传》，而《左传》因其保存了大量古代史料，文字优美，记事详明，成为中国古代一部史学和文学名著。

学习这一单元，同学们要先明确“春秋笔法”这个名词的含义。据说孔子修订《春秋》，在记述历史时，行文中虽不直接阐述对人物和事件的看法，却通过细节的描写、修辞的运用和材料的筛选，委婉而微妙地表达了作者的主观看法。后人把这种文笔曲折而意含褒贬的文字称为“春秋笔法”。这种笔法因为将有关诗书礼乐诸经的要义寓含在精微的言辞中，所以又被称为“微言大义”。为史者或旁敲侧击，或含义模糊，或含蓄委婉，或意在言外，或从旁烘托，或虚掩伪饰，或上下暗示，总之不露本意，其实质是为了避开那些不宜明说或不愿直说的话。

明确了春秋笔法，为深入阅读史书提供了一个门径，但从那“微言”中读出“大义”来，还需要同学们在阅读时细心揣摩，仔细领会，以便在曲折的文笔中了解作者寓含其中的褒贬。关于这一点，本单元的“阅读指南”中有很好的指导。

因为《左传》不满足于《春秋》那种对史事只做简单陈述的笔法，它要展示那个动荡历史年代的全部过程，要展示各种历史人物在各种事件中的各种表现。它摒弃了一字褒贬的“春秋笔法”，创造了在生动记叙史事的基础上显示各种人物的形象、心态，表达作者观点立场的方法。这使得作者重视对事件的完整把握，对事件的发生、发展和结局有时能给予集中叙述，突破了编年体的界限，也使人物的刻画有了传记的意味，所以阅读《左传》的文字，参照《春秋》的经文，更利于我们体味“春秋笔法”的内涵。

此外，我们学习历史著作，还要牢记古为今用这一点。古人的遗产留给后人，不是为了让一代代的人记住家谱，而是要我们鉴往知今，切实做好当下的事情，创造属于我们的历史，留给后人。还记得司马迁创作《史记》的宣言吗？那“究天人之际，通古今之变，成一家之言”的原则，不但是历史著作者的圭臬，也应该成为历史阅读者的追求。只有穷究事理，通识古今，直面现实，才能化历史的积淀为今天的养料。在阅读中审慎地体会，认真地讨论，批判地继承，是我们每一个面对历史的人应有的正确态度。

【思考探究】

1. 请从儒家思想出发，说明为何会出现“春秋笔法”。
2.《左传》对中国的史学和文学做出了哪些贡献？

【拓展丰富】

建议阅读朱自清《经典常谈》中关于“春秋三传”的论述。

示例三：修齐治平

【经典导读】

韩愈在《师说》中说：“小学而大遗，吾未见其明也。”这里的“小学”是对“大学”而言，是“详训诂，明句读”一类的事情。而“大学”是大人之学，其宗旨在于弘扬光明正大的品德，在于使人弃旧图新，在于使人达到最完善的境界，从而实现治国安邦的抱负。

这一单元的文字节选自《大学》和《中庸》，这两本书是儒家经典著作，对中国的政治、文化等诸多方面有着深远的影响。通过这个单元的学习，同学们可以了解到儒家试图通过完善个人修养进而兼济天下的人生理想。

儒家认为，“修身，齐家，治国，平天下”，是一个人不断完善自身修养，从而以天下为己任，达到人生至高境界的一条有效途径。这一点在《大学》一书中阐述得很明确。《大学》

的主体是“三纲”“八目”。“三纲”是明明德、亲民、止于至善；“八目”是格物、致知、正心、诚意、修身、齐家、治国、平天下。同学们在学习时要明确“三纲”的内容之间，“八目”的内容之间，以及“三纲”与“八目”之间的内在联系。选文部分，逻辑严谨，线索清晰，同学们要借助注释自读课文，并加强诵读，先对课文主要内容有个大致的了解。《中庸》中的有些概念，如“性”“命”“道”，比较难理解，同学们要借助工具书和老师的讲解精读课文，分析、理解这些概念的内涵。在进一步研读中，要借助工具书和老师的讲解，对一些难以理解的内容，和大家一起讨论、探究，以期做到理解准确。

《大学》《中庸》中的言论，反映了中国人的传统道德修养。《大学》强调修己是治人的前提，修己的目的是为了治国平天下，说明治国平天下和个人道德修养的一致性。它不仅适应了中国封建社会的社会状况，而且成功地塑造了中国历史中一代又一代文化精英、知识精英的特定道德人格，深刻地影响了中国文化，并造就了独特的中国人生精神，成为传统文化给予我们的一份宝贵精神遗产。今天，它的精华部分对于构建现代中国的人文精神，提升社会的道德文明水平，仍然具有重要的现实意义。儒家哲学的中庸思想，强调不偏不倚。“尚中”的基本内涵是“无过无不及”，是中庸的逻辑起点；“时中”的基本内涵是“无可无不可”，是中庸的内在本质；“中正”的基本内涵是“礼义”，是中庸的规范准则；“中和”的基本内涵是天人和谐之美，是中庸的理想目标。中庸思想注重人在处世的行为及态度上的“适度”，要求人们时时检点自己的行为和心态，不断地反省自己的言行举止，辨察、修正其中的丑恶，提高自身的道德水准，以求在为人处事上达到最理想的效果。这种境界，在儒家看来是做人的最高境界，也是完美境界，它是无法企及的，但是可以无限地接近。这为我们不断地完善自己的人格，使自己的人生日趋完美，提供了有益的借鉴。

同学们在学习时还要明确，儒家的修身治世思想中，还保留着许多封建社会的礼仪教化，其中的一些观点束缚着人们的思想，阻碍着社会的进步，这些是我们在学习中必须摒弃的。吸取古人思想的精华，规划自己的人生，将使未来的生活之路走得坚实而有力量。

【思考探究】

1. 你怎样看《大学》所说的“平天下”路径？
2. 试探究“中庸”思想给中国人的民族心理带来哪些正面和负面的影响。

【拓展丰富】

建议阅读冯友兰的《中国哲学史新编》中讲解《大学》《中庸》的章节。

第一印象之后

一、命题

阅读下面文字，按要求作文。

1910年，德国习性学家海因罗特在实验过程中发现一个十分有趣的现象：刚刚破壳而出的小鹅，会本能地跟在它第一眼看到的自己母亲的后边。但是，如果它第一眼看到的不是自己的母亲，而是其他活动物体，它也会自动地跟随其后。尤为重要的是，一旦这小鹅形成对某个物体的追随反应，它就不可能再对其他物体形成追随反应。用专业术语来说，这种追随反应的形成是不可逆的，而用通俗的语言来说，它只承认第一，无视第二。

这种后来被另一位德国习性学家洛伦兹称为“印刻效应”的现象，不仅存在于低等动物里，而且同样存在于人类之中。几乎所有的心理学家和社会学家都知道，人类对最初接受的信息和最初接触的人都留有深刻的印象，他们用“首因效应”等概念来表示人类在接受信息时的这种特征。于是我们发现，人类确实如同那只小鹅一样，承认第一，却无视第二。

要求：全面理解材料，可以选择一个侧面、一个角度构思作文。立意自定，文体自选，标题自拟；不要脱离材料的含意作文，不少于800字。

二、审题

1. 明确指向。

此类命题中，“全面理解材料”和“不要脱离材料的含意作文”两点应引起学生充分的注意，前者是后者的前提，两者又是成功作文的前提。

该命题介绍了习性学家的研究结果：小鹅对第一眼看到的物体具有追随反应，这种反应也同样存在于人类之中。据此，可以明确一个讨论的话题：由“首因效应”想到什么（可偏于叙，叙中见理）或“首因效应”带来的启示（可偏于议，议中明理）。

2. 合理联想。

如果“首因效应”是人类在接受信息时的一种特征，“承认第一”之后会“无视第二”，那么利弊如何，怎样趋利避害，正确地认识和利用这种习性，值得思考。

（1）早期（童年）教育的重要性（儿童教育者可关注）。

（2）家庭环境对青少年成长的意义（对家长有启发）。

（3）第一印象很重要，如求职等的面试。

（4）人生如一张白纸，第一张图很重要。

（5）不能只凭第一印象。

（6）慎重对待人生的每个第一次。

……

3. 确定角度。

题中要求“可以选择一个侧面、一个角度构思作文”。“侧面”，指构成总体的某一方面，如各种事物都有对立的两个侧面；“角度”，指观点或考虑某事的出发点。

那么，从哪个侧面谈，从哪个角度切入好呢？可以有一些原则，如：

（1）有的放矢，思考和解决实际问题。

（2）新颖。

（3）有话可说，举例和说理能充分利用自己的积累。

……

三、下水文

第一印象之后

根据习性学家的实验，小鹅是破壳而出后，最先看到什么就将看到的活动物体认作妈妈的。那么，由于某种机缘，一定会有一只小鹅，跟在一只鸡、一只狗或一个主妇的后面，一路蹒跚着，任凭鹅妈妈怎样召唤也不回头的。

人类除了自诩的许多优异之外，其实也还保留着某种动物的特征，其中的一种就是像小鹅一样，承认第一，却无视第二。于是聪明的人们得到一个启示：第一印象最重要。

的确，许多人都在努力地给人留下美好的第一印象。学生刚入学，总能显得更规矩；新人去应聘，总能显得更谦和；一对男女初相识，总能显得更庄重。但人不是小鹅，他会比较，会辨别，会日久见人心，所以单凭给人留下美好的第一印象是不行的。如果品学兼优，即使给人留下的最初印象并不见佳，但时间一久，才美外现，人们自会刮目相看；如果才疏学浅，名不副实，即使一时凭借障眼法把人蒙住，时间一长，必然会被打回原形。

有一个故事耐人寻味。大文豪苏轼有一次到了一座寺观，道士见他衣衫寒素，冷冷地道："坐！"吩咐小童："茶！"苏轼随便和道士谈了几句，道士见其出语不凡，马上请他入大殿，摆下椅子说："请坐！"又吩咐小童："敬茶！"见苏轼妙语连珠，道士不禁问起他的名字来，苏轼自谦道："小官乃杭州通判苏子瞻。"道士连忙起身，请苏轼进入一间静雅的客厅，恭敬地说："请上座！"又吩咐身边的小童："敬香茶！"

道士对苏轼的第一印象并不好，但苏轼的真才实学完全征服了他。相比之下，有些并无真才实学的人，就算给人的第一印象很好，却迟早要露出马脚。滥竽充数的南郭先生，之所以能混迹于王室乐队，一定是有模有样，架势十足的。他给人的第一印象一定是很不错的，不然也不会居齐宣王一朝而白拿薪水。但终有一天他混不下去了，只能溜之大吉。

希望给人留下美好的第一印象并不错，但第一印象之后呢？我们当然不能只靠第一印象一劳永逸，而要凭真本事安身立命。要是品学出众，举止得体，什么时候不能给人留下美好的印象呢？要是故弄玄虚，欺世盗名，瞒得了一时能瞒得了一世吗？

第一印象很重要，但更重要的在第一印象之后。

枭岂可更鸣

枭逢鸠。鸠曰："子将安之？"枭曰："吾将东徙。"

鸠曰："何故？"

枭曰："乡人皆恶吾鸣。以故东徙。"

鸠曰："子能更鸣可矣，不能更鸣，东徙犹恶子之声。"

这是一则提供给学生作文的材料，让学生谈谈联想和感悟。

要是我的经验还值得相信，我想十之八九的人会在"更鸣"上做文章。因为叫得不好听，所以乡人都讨厌。要想不惹人讨厌，就得更换叫声，拿一种好听的声音去博他人喜欢。

这里暗含着一个判断，叫得不好听，到哪里都不受待见。

枭的叫声的确带来了千百年的惶悚，因为那声音总让人联想到不祥，与我们期求瑞兆的心思离得太远。有百鸟齐鸣、百鸟朝凤的说法，不知那百鸟里可有枭。如果没有，少了枭的声音，也称为百鸟齐鸣，是不是有些强奸鸟意呢？

但凡某种声音，婉媚也好，桀骜也好，甜美也罢，凄苦也罢，总有它存在的理由。猿的凄厉，杜鹃的哀伤，诗人常用来抒发不幸，一呈哀苦。而枭鸣就似乎少有诗意。这也正是人们不愿意正视苦难的一个证据。

枭鸣不是属于诗人的。它不能引人流泪从而洗淡痛苦。它将人引向恐惧。当你正扭转脸不想正视的时候，它偏偏让你不得不端正了头，睁开双眼，去面对。

枭岂可更鸣！让枭更鸣，除非在世上消灭了这一物种。我们不是在挽救濒危的生物吗？那自然不应令枭绝迹。

不但不能绝迹，我们正需要枭鸣来做一个提醒，使自己不至于迷醉于好听的声音而失去畏惧的心。

鸠的断言，"不能更鸣，东徙犹恶子之声"，可谓一语中的。但好在至今也不曾听到枭变了声音的消息，这正是不幸中的万幸了。

在读写实践中成长

读书，是一种礼拜

读《呐喊》《彷徨》三题

鲁迅的两部小说集《呐喊》《彷徨》，是现代小说创作的奠基之作。下面梳理一下阅读小说集的心得，作为读后感的初阶，留一点学习的笔记。

一、文学与将令

小说集《呐喊》《彷徨》《故事新编》，散文集《朝花夕拾》，散文诗集《野草》：这是一个初中生都了然于心的关于鲁迅作品的常识。我们还知道鲁迅创作了大量杂文、旧体诗等，但先生说："可以勉强称为创作的，在我至今只有这五种。"这是先生去世前三年说过的话。

鲁迅的创作，一开始就不是出于一己抒情的需要，而是自觉地听着将令呐喊。鲁迅希望自己的作品速朽，可见他对那腐朽昏暗社会的憎恶之深。作为一个战士，他不得不生活在呐喊和征战中。

鲁迅晚年出过一本自选集，有几篇“将给读者一种‘重压之感’的作品”，在自选时“特地竭力抽掉了”。这几篇大约是指《药》《祝福》等。《孔乙己》和《阿 Q 正传》等作品，虽也会有“重压之感”，但还存在着“可笑”的成分，人们不经意地读后倒还不至于感受到“重压”，至于《药》和《祝福》等篇，读后就只有“重压”了，让人丝毫轻松不起来。(凡事往反面想一想，其实也未必。)

鲁迅也不是什么将令都听的，不然也就不成其为鲁迅了。在时代的重压下，鲁迅选择了肩负，肩负着沉重和痛苦。鲁迅不想让未来的人们生活在沉重和痛苦中，自己就肩负得更多些。肯于肩负的人不多了，我们看到的是许多肩无一物却愁眉苦脸的人和许多推卸了担子却喋喋叫苦的人。

二、死者与生者

人物是时代的标本。看一个社会中人的命运，也就看得出这个社会适不适合人的生存。

我读《呐喊》和《彷徨》时，心情是沉重的。两部小说集共收入小说二十五篇，其中《呐喊》收入十四篇，《彷徨》收入十一篇。二十五篇中作为主要人物结局死去的就有孔乙己（《孔乙己》）、夏瑜（《药》）、单四嫂子的儿子（《明天》）、子君（《伤逝》）、阿 Q（《阿 Q 正传》）、陈士成（《白光》）、祥林嫂（《祝福》）、魏连殳（《孤独者》）等。这些人是当时社会的典型代表，从他们身上可见最广大民众的命运。那么多灵魂黯然消亡于无痕，让人体味到世事的悲凉。看到那些人物的死，会让你感受到那个社会绝大多数人随时可能遇到的不幸。

而围绕在这些死者身边的生者又怎样呢？只要我们简单地梳理，就不难发现生者在维持着怎样的世界，那个世界正是人们辛苦麻木、恣睢、辗转的世界。希望在于将来，而眼下却是无望，先生只能寄希望于“自己背着因袭的重担，肩住了黑暗的闸门，放他们到宽阔光明的地方去；此后幸福的度日，合理的做人”。(《我们现在怎样做父亲》)

三、材料与写法

1933 年 3 月上海天马书店出版《鲁迅自选集》，鲁迅“将材料，写法，都有些不同，可供读者参考的东西，取出二十二篇来，凑成了一本”（《鲁迅自选集》自序）。从“材料，写法，都有些不同”的角度，不必说重回忆的散文，重抒情的散文诗，重体察社会人情的小说，也不必说小说里有直观人生的《呐喊》《彷徨》，有将神话、传说等来隐喻当下的《故事新编》，单是读一读《鲁迅自选集》里的《孔乙己》《一件小事》《故乡》《阿Q正传》《鸭的喜剧》《在酒楼上》《肥皂》《示众》《伤逝》《离婚》，就足见材料选择的审慎与写法运用的独到。这十篇作品虽不能尽现两部小说材料和写法的全部，因为在选择时“将给读者一种‘重压之感’的作品，却特地竭力抽掉了”（《鲁迅自选集》自序），但每次读到都有新的收获。阅读先生的作品，即使只能算是管窥蠡测，也会在思想上受到启蒙的同时，在艺术上受到无尽的启迪。

从材料看，写有旧时代没落的读书人、新时代的知识分子、破产的农民、失去生活依托的妇女，等等。鲁迅倒是不急于寻找一个素材，演绎一个故事。他看重思想的因子远大于素材本身。鲁迅对世事是体味得很深的，同时又用了诚实、勤奋的努力去劳作，从不肯敷衍。于是，我们未经世事的人随着他看到悲哀与不幸，看到他自己原来正处在一个非人间的境遇中，感到悲与痛，让神经不至于彻底地麻木下去。

总而言之，鲁迅的小说既是中国现代文学的一部分，又是中国现代思想的一部分。当我们不再属意于故事和文字时，我们通过文学看到的是文学化的现代启蒙思想。这笔遗产，不只是文学的，更是思想的；它不只属于现在，更属于将来。

读鲁迅的《故事新编》

看《故事新编》，知道《补天》原是叫作《不周山》，《铸剑》原是叫作《眉间尺》的。这一改，就偏离了具体的地点和人物，而变成一个典型的事件了。通观《故事新编》里的八个故事，都是以事件冠名的。一个事件摆在那里，有什么意义，获得了怎样的评说，是可以启发人思考历史、品味人心的，尤其是中国独有的历史中独有的人心。

鲁迅作杂文大抵也是这个路数，像《论“费厄泼赖”应该缓行》《文学是有阶级性的吗》等等，常常是对事不对人，不管那因由与谁有瓜葛，必要时先生都要出来表示一下自己的看法的。也常因为对事不对人，而将话说得更中肯些，因此那时先生得罪的人也较多。谁让鲁迅那么深刻，偏偏就能透彻地看出一些人的嘴脸，而那一些人中，偏有因被击中了痛处而跳得老高的呢！鲁迅先生常常因为对公理的探寻与维护，而不见容于满心“婆理”的人们。

对事不对人，很多时候成为一种托词，对鲁迅而言，却是真真地践行的。凡讲述故事，或抒发议论，鲁迅总是直指某一丑恶类型而痛下针砭，无暇计及那引起联想的是何等人物，朋友也有的不欢而散。

但先生是不大计较这些的，他有更重要的事需要思考。论意蕴，《故事新编》里充满更深沉的寄托，我更愿意将它视作故事化的杂文。但那不是一枪一剑，而是直送入中国历史文化病灶的一剂药石。

在“新编”的“故事”中，我们看到了许多对沿袭已久的观念的颠覆：

自造的子孙，打起来了，弄到“天上一条大裂纹，非常深，也非常阔”，女娲“炼五色石以补苍天”，竭尽了气力，倒下了。(《补天》) 射日的英雄，在没有利用的价值时，就被人欺，遭人弃。(《奔月》) 大禹那样拼命硬干的英雄，在“文化山”的高谈和水利官员的大腹便便中消解着。(《理水》) 伯夷叔齐，遭了刻薄的抢白，“死在山背后的石洞里”，却被指“为了自己的贪心”。(《采薇》) 义薄云天的复仇，招来的只是看客和谈资。(《铸剑》) 道德经五千言，“连五个饽饽的本钱也捞不回”。(《出关》) 奔波乱世的墨子，侮蔑尘世的庄周，都在生命的舞蹈中，得不到世人的真正理解。(《非攻》《起死》)

中国文化里从来不缺少英雄，但这些英雄又从来得不到应有的珍惜。苦难造就了英雄，英雄却被“侏儒”们撕扯。那些民族的脊梁、精神的斗士，命运似乎并不好。倒是利己的算计、虚浮的空谈、尖利的嘲讽、满心欢喜的围观，充斥在历史前行的道路上。

《故事新编》正是借故事而彰显人心，借历史而针砭现实，体现了出入典籍，寄意遥深的特点。由此，我们感受到了鲁迅的文化品格和直面现实的坚韧的抗争精神。

读《六月，我们看海去》

我不懂诗，但常常读后情绪会受到感染，平静的心底里会发生一点变化。读过潘洗尘的《六月，我们看海去》之后，就留下了很深的印象。

读着这首诗，我就走进了风风火火的青春，走进了雨点般的节奏，走进了夏日的浪花、闪光的向往。六月，是一个青春的驿站；看海，是无限探索的情怀。诵读之余，眼前会出现一群雀跃欢呼的青年，他们健步奔向遥远的大海，青春的情感在海水中净化，青春的思想在风浪中成熟，单纯而奔放，自信又执着。

这首诗语言方面的突出特点是在鲜明的节奏和韵律中，表现出一种强烈的音乐感。整首诗都由省略标点的长句组成，但读起来并无费力之感，原因就是有一种自然天成的韵律萦绕其中。整首诗一韵到底，形成和谐的声调；诗行中词语的重复与变化，组合成一种情感的旋律。如"六月看海去看海去我们看海去""六月是我们的季节很久我们就期待我们期待了很久"这样的句子，于巧妙的语言组合中，传达出浓郁而悠远的情韵。

从诗言志的角度看，在这首诗中，青年人对自己力量的确信，不安于现状的探索精神，风风火火的生命姿态，略带狂妄的激情，我们都能从单纯明澈的语言中感受到。从"风撩起我们的长发像一曲《蓝色的多瑙河》飘飘荡荡""总以为生下来就经受过考验经受过风霜""长大了不信神不信鬼甚至不相信我们有太多的幼稚"等诗句中，我们能强烈地感受到青春的自信与张扬，而"看海去看海去没有驼铃我们也要去远方""尽管生长在北方的田野影集里也要有大海的喧响""我们我们我们就是不愿停留在生活的坐标轴上"等诗句，表现出年轻人冲破阻隔，敢闯敢拼，追求绚丽人生的豪情壮志。这首诗传达的正是我国20世纪80年代青年的共同心声。

诗是属于时代，属于青年的。我所认识的青年，他们似乎都很少阅读现当代的诗歌。一个时代的先声总是体现在那个时代的诗句里。青年人的心应该与他同时代的诗离得最近。

六月，我们看海去

潘洗尘

看海去看海去没有驼铃我们也要去远方

小雨噼噼啪啪打在我们的身上和脸上

像小时候外婆絮絮叨叨的叮咛我们早已遗忘

大海啊大海离我们遥远遥远该有多么遥远

可我们今天已不再属于童稚不属于单纯不属于幻想

我们一群群五颜六色风风火火我们年轻
精力旺盛总喜欢一天到晚欢欢乐乐匆匆忙忙
像一台机器迂回于教室书馆食堂我们和知识苦恋
有时对着脏衣服我们也嘻嘻哈哈发泄淡淡的忧伤
常常我们登上阳台眺望远方也把六月眺望
风撩起我们的长发像一曲《蓝色的多瑙河》飘飘荡荡
我们我们我们相信自己的脚步就像相信天空啊
尽管生长在北方的田野影集里也要有大海的喧响
六月看海去看海去我们看海去
我们要枕着沙滩也让沙滩多情地抚摸我们赤裸的情感
让那海天无边的苍茫回映我们心灵的空旷
捡拾一颗颗不知是丢失还是扔掉的贝壳我们高高兴兴
再把它们一颗颗串起也串起我们闪光的向往
我们我们我们是一群东奔西闯狂妄自信的哥伦布呵
总以为生下来就经受过考验经受过风霜
长大了不信神不信鬼甚至不相信我们有太多的幼稚
我们我们我们就是不愿停留在生活的坐标轴上
六月是我们的季节很久我们就期待我们期待了很久
看海去看海去没有驼铃我们也要去远方

读《一个人的好天气》

这是一本译成中文后不到五万字的书。书名告诉我们这里写了“一个人”的故事，而所谓“好天气”，实在是一种理想，其实倒有些挥之不去的荫翳。

故事以《春天》《夏天》《秋天》《冬天》《迎接春天》五部分组成，以时间为经，以三田知寿的社会经历和情感体验为纬。

知寿的父母已离婚，母亲只身去了中国，她本人中学毕业后不想随母亲去，也不想考大学，带着攒足一百万的信念来到东京谋生。

知寿住在舅姥姥家里，舅姥姥住在一个地铁站旁边。房间里触目的是一些猫的照片——死去一只就挂上一张，已经有三十多张照片了，知寿就住在这有猫照片的屋子里。

这个年轻的女孩靠四处打零工赚钱。来东京前已经和一个男友分手了，在东京又结识了一个，不到一年也分手了。她忙着工作，忙着恋爱，忙着烦恼。

舅姥姥有一位经常来往的老年男友，母亲也可能要与中国的一位先生结婚，知寿什么也没有，一任飘零。

读这本书，如同看见辽远苍茫的海边，有一只鸥在孤单地觅食；又可以想到，在辽远苍茫的海边，有许多鸥在觅食，但每一只都是孤单的。

《教书匠》，看看吧

《教书匠》描述了一个与自己在形式上截然不同，在本质上又并无二致的教书匠。你知道这书名对一个教了 20 年书的人有怎样的惊奇？在书店里，一眼看到，一把抓起，翻看，排队交款，心满意足地离开。

作家弗兰克·迈考特，4岁前和19岁后生活在美国。他是普利策奖的获得者，是一个相当成功的故事叙述者。他写的主要的三部书：《安琪拉的灰烬》《安琪拉的灰烬2：就是这儿》《教书匠》。

我向语文教师推荐这位作者及他的作品，并特别推荐给二十世纪六七十年代出生，且生活在中国农村贫苦家庭的人们。

这位作家做了近三十年的教师，并获得了美国教师的最高荣誉。他是从退休后开始写作的。看了他的作品，你会看到生活的苦难算不了什么，琐碎的教师生涯并不能磨灭一个人的全部生命和热情，病蚌成珠，珠光朴素而高贵。

诚实·勤奋·独特

——由莫言获奖所想到的

2012年，中国文坛有一件大事：土生土长的中国人，来自孔孟之乡的作家莫言获得了这一年度的诺贝尔文学奖。

中国人为什么能得奖？得奖的为什么是莫言？莫言是不是中国最优秀的作家？……各种疑问比我们能想到的要多得多。

在我看来，莫言的获奖至少让我们增强了一种信念，即诚实、勤奋、富有创造性的劳动是最有价值的。

莫言是一个诚实的作家。他的出名算不上早，与他同时代的作家中，在一段时间里名声大噪的不乏其人。诚实当然意味着不说假话，但这还不够，诚实还意味着要倾听和表达自己真正的声音。文学创作是极具个性化的，一旦混入了合奏的行列，即便你并不是东郭先生，也只能起到增加数目的作用。莫言是执着于自己的一件应手的乐器而拼力演奏的人。当一个个潮流涌过，人们将获得的海鲜一批批送到批发市场之后，那个在海边拾贝壳的孩子仍然执拗地发现着，捡拾着，终于，他收获了珠光璀璨的一颗。他的人生一如他手中的这颗珍珠，并不耀目，却于朴素中蕴含着高贵。

莫言是一个勤奋的作家。二十多年前，当电影《红高粱》赢得国际大奖时，一起红火起来的还有莫言。他并未借此成为明星，放下寂寞艰苦的努力去追赶世俗的热闹，而是依旧笔耕不辍，用扎实的努力创作出更多的作品。“红高粱”系列完成了，《丰乳肥臀》《檀香刑》《天堂蒜薹之歌》《蛙》《生死疲劳》等长篇小说陆续问世。其间，有获得几个文学大奖的短暂温热，而更多是耗神劳心的坚守。成功的作家，从来不是靠赶时髦彰显实力的。

经过一系列的劳作之后，这个寡言少语的人得到了命运的眷顾。而更多的人是因为一个获奖事件才知道莫言。他们忍不住问：“莫言有名吗？”

莫言很有名，有他的作品为证。莫言是一个有独特风格的作家。诺贝尔奖的颁奖词说：“莫言的魔幻现实主义作品融合了民间故事、历史和当代。”我不大同意“魔幻现实”这个词。记得较早有“幻觉主义”的说法，要好一些。莫言的风格是具有独创性的，不同于马尔克斯等人所代表的拉美“魔幻现实主义”。中国式的现实，中国式的现实的变形，中国式的现实中无法达成的梦：莫言的幻想纯然是中国式的。也正因如此，在看过了众多西方现代派的仿制品之后，我们看到了莫言笔下的中国作风。莫言是现在中国少数具有独特风格与鲜明个性的作家之一，这是无可争议的。

莫言的获奖带来了很多议论，也产生了一定的影响。诚实处世的人们，勤奋耕耘的人们，勇于创造的人们，将会从这一位作家的成绩中受到鼓舞，在喧嚣萦耳的世界中获得一份踏实与自信。

文字，是一种态度

给孩子们的一份祝福

我亲爱的孩子们：

新一年的阳光即将来到我们这个喧嚣的世界，照亮每一处街衢，每一道窗棂，带给人们新的热望和希冀。值此物换星移之际，作为你们的老师，向你们致以节日的问候，并送上我衷心的祝愿。

这一年里，如你们每个人看到和感受到的，我们的学习节奏异乎寻常地快了起来，大家都在急急忙忙地赶路，为着心中的梦想扬帆远航。我欣慰地看到，你们中间孜孜上进的人多了，默默耕耘的人多了，静静沉思的人多了，大家心里蓄积着一种力量，随时准备喷薄而出。

这一年里，我们参加的大型活动不多，但略一回眸，你们出于真诚的心、青春的热情所做的每一件事，都令我心里贮满感动：忘不了专心听讲的凝神竭虑，忘不了刻苦自修的冥想苦思；忘不了运动会上俊逸的风采，忘不了歌咏比赛中飞扬的旋律；忘不了成功时的微笑，忘不了失意时眼角的泪滴；忘不了集体活动的激情投入，忘不了个人才艺的淋漓展示；忘不了迎难而上的那一份坚强意志，忘不了忍着病痛的那一份坚持……

是的，忘不了太多，太多。没有你们的努力，我们不会成为长春市的优秀班集体；没有你们的努力，我们不会成为学校的年度红旗班级；没有你们的努力，我们不会有各项活动的优异表现；没有你们的努力，我们不会有骄人的学习成绩。作为班主任，我个人并不拥有什么，你们的一点一滴构成了我的全部。

你们长大了，女孩的眼眸里多了几分娇羞的妩媚，男孩的脸庞上多了几分成熟。但你们还是孩子，人生的大幕只揭开了一角，你们也许看厌了，看透了，然而你们还远远没有看到那全部。我不安地看到，你们中间心事重重的有之，心浮气躁的有之，性情乖戾的有之。也许，你满怀疲惫，倦怠的双眼期盼着航船早一些靠岸；也许，你孤寂不安，稚弱的肩膀再不愿有太多的承担。但是，绝美的风景从来不属于懈怠的旅人，成功的彼岸永远拒绝怯懦的水手。青春的心如不被痛苦熬煎过，那是缺失的青春；青春的心如不能从挫折中奋起，那是残损的青春。

我说过，在所有的体育竞技项目中我钟爱足球。你看，人们奋力地拼争，到最后可能一个球都没有进。这正如人生，在不断地努力后你可能发现自己什么都没有，但你必须坚持，在终场的哨声响起之前，谁也没有理由停歇。这就是人生，要紧的是不能让自己停下来。我铭记一句格言："辛勤的蜜蜂，永远没有时间悲哀。"

我知道，你们有许多烦恼，为成绩的忽上忽下，为感情的时起时伏。人生失意十之八九，未必尽然，但总要有一种心理的准备。一个人过于理想，就会摔在理想的台阶上，一个人过于现实，就会庸碌于现实的泥淖中。要有靠一片草根也能将生命支撑下去的顽强，让生命不因卑微而暗淡，而因奋争更加精彩。

你们的父辈，经历过我们国家一个特殊的历史时期，他们有许多远大的理想和瑰丽的人生构想，却没能在青春烂漫的时节展开飞翔的翅膀。他们有许许多多尚待完成的事都寄托在你们身上，你们可曾想到怎样做才不使他们失望？

我本想在你们毕业的时候给你们写这封信，但我看到焦躁、不安、多思、善感的你们，我实在不能等待那一天，所以就在此时，向你们说说心里话。

在你们人生这一关键时刻，我谨给你们以下忠告：

1. 要独立自强，安身立命。

每一种动物都要凭着自己的强悍或技能来生存，人似乎是个例外。你们要以一颗强悍的心去面对未来的人生。在人生最初的岁月里，父母的荫庇、呵护和长辈的关心、疼爱，都是必需的，但没有人会陪伴你一生。你们要以强悍的心，生活在这个世界上。

你可能出身寒门，也可能坐拥富贵，但这些都不取决于你，也不能注定永远属于你。真正属于自己的，是打拼而获得的快乐。雄鹰翔于长天，靠的是自己的翅膀；猛虎啸于山林，凭的是自己的力量。有大成就的人，历来都自立自强。

也许，你的父母早为你备下了一生的享用；也许，你的父母需要你来支撑门庭，不管怎样，光荣的道路总是由奋斗铺就，成功的花环总是用荆棘编成。想想吧，父母把我们的肉身带到这个世界上，就是给了我们一切，我们没有理由再索求什么。

埋怨是我们人类一种独有的情感，也是人类弱点的集中体现，它是不思进取的叹息声，是脆弱心灵的潜台词；感恩是一个冠冕的词，它是锐意奋进的原动力，是高贵灵魂的试金石。人的每一步前行都需要自己的努力，正如生命的每一次律动都离不开自己的呼吸。

2. 要明道达学，成人成才。

知识的积累，并不代表人生的成就。我们看到许多并没读几天书的母亲，哺育出优秀的儿女，也看到学历很高的长辈，培植出精神的“畸形儿”。生活的常识昭示我们，人生一世，荣誉、权力、金钱、美貌，固然可以炫于一时，但永远于朴素中生辉的，是美好的德行，是坚忍的意志。

太阳底下，没有多少新鲜事，有许多道理，前人都写在书上。多读些书，在太史公的笔下，你会明了一个人一生未必要做许多事，但要做好关键的几件事；在取经的路上，你可以明了人生要绕开多少诱惑，才能修成正果；在托翁的笔下，你会了解多么漫长的忏悔也洗不去一件罪恶；在鲁迅的笔下，你会知道多么绝望的心灵也不该失去希望……

年轻时，我也听过许多激情澎湃的表白，看过一些志气昂扬的辞章，但真正能带来实际效果的，永远是果决的行动。人生漫漫长途，要将眼光放得长远，不能只盯住眼前。人的价值绝不是体现在空幻的遥想上，而是体现在你留在大地上的铿锵足音。

3. 要宽容博爱，益世益群。

要爱那群类，要有一颗悲悯的心。我们生活的这个世界上，可怜的人要比可恨的人多得多，善待别人也应是我们生活的一部分。

人们容易夸大自己的不幸而漠视别人的痛苦，这就使得我们的心胸变得狭隘，我们会不知不觉地以自己为中心，而不大留意他人的感受，并且容易产生怨尤的情绪。

广义的爱，体现在对人的一种宽容襟怀上。宽容不是简单的大度，而是基于深刻理解之后的一种心态。我们的自私之心，嫉妒之心，常会蒙住我们的双眼和心灵，这样我们就会毫无目的地生活在这个世界上，多为别人想想，你的心灵会因此而崇高、净洁。

新的一年即将到来，我的心里有一份祈盼：

我希望你们每个人都能以强健的筋骨，阳光的心态，迎接新一年的曙光。

还记得你们由衷之言吗？（零七零七，我们第一）真的，有哪个老师不希望自己的学生是第一呢？我相信，我的生命中因为有你们，会留下最珍贵的回忆，我们的学校因为有你们，会留下最美丽的年轮。再一次表达我由衷的祝愿：新年快乐！

你中学时代的一个班主任

2006 年 12 月 29 日

（本文系为 2007 届高三毕业生所写的《新年致辞》）

读季羡林《三十年河东，三十年河西》札记

学生推荐我看一本书：《三十年河东，三十年河西》，季羡林的作品。

季先生的文章我读过一些，一是因为季先生本人的名气大，二是得益于近年来出版社对季先生文章大量出版的贡献。印象最深的是《留德十年》和《牛棚杂忆》。此后我看到书店里一波接一波各类文章的新组合，考虑到自己的读书积极性，倒不大敢问津了。

周四上午得到书，我告诉学生，下周一还。对这样的话，谙于事理的人自然懂得，常常不逼着自己，就看不成书。

我用上午的空闲时间先大体看一下。书的封面是暗黄的底色，上面是灰色的汉字笔画和外文字母。完整的汉字只有几个，我却在右边中下的位置见到一个“卢”字——这是我的姓。中间自书的上缘有一笔浓重的悬针竖，直贯到封面的三分之二处。“三十年河东”五个字正是在这一竖上，白色，它的左边是“三十年河西”五个字，黑色。“东”“西”两个字格外大而醒目，“东”字恰好居于封面的正中。封底引季先生的一节文字，恰成了对封面的阐释和照应。

看封一的介绍，是关于作者的，生于何年，仙乡何处，修什么业，理什么事，冠什么名，著什么书，蔚为大观。封三是出版社策划“季羡林作品系列”的广告，列着三种书的书影。

插页一是季老在谈话，正是“三十年河东，三十年河西”这一个话题，其背面是季老的书法，竖排，行楷，道是“极高明而道中庸”。书无序，有后记一则，署为“季羡林研究所”。

闪念而过，希望这个研究所不要只是出这几本书。

目录将多篇文章分为三组，以下是第一组 8 篇文章的阅读摘记。

1. 第 2 页：自从人类出现文明以来，世界文化可以分成四大体系：中国文化、印度文化、伊斯兰的选择文化及欧美文化。（按：我不明白为什么伊斯兰文化中间有“选择”二字，所以记下来。）

2. 第 3 页：东方文化与西方文化有何区别呢？我认为最根本的是思维模式、思维方式的不同。西方文化注重分析，一分为二；而东方文化注重综合，合二为一。

3. 第 6 页：到了 21 世纪，三十年河西的西方文化就将逐步让位于三十年河东的东方文化，人类文化的发展将进入一个新时期。（按：这个立论的依据是西式“分析”不能永远进行下去，而需要东方思维中的“综合”。依据的主要有金吾伦《物质可分性新论》、格雷克《混沌：开创新科学》、阿里·玛扎海里《丝绸之路——中国—波斯文化交流史》、吴文俊《〈九章算术〉序》。）

全书的选文围绕的就是这一个旋律，可谓“一篇之中三致志焉”。一个下午我读了 42 页，余下的在晚上翻翻，又熟悉一下那旋律。再次闪念而过，希望这个研究所不要只是出这样的几本书。

关于治学的一点思考

《世界汉学》第 8 卷“文化对话”栏目下刊载了高利克的文章，题为《歌德〈浮士德〉中的哥特式房间和日本箱崎的一间陋室》，副题为《关于郭沫若在 1919 年 10 月 10 日翻译的一些看法》。作者以“很可能只是从《郭沫若专集》中随意地提取了”信息，而使专题论文从一处附录“并不属实”的问题切入，将郭沫若发表在 1919 年 10 月 10 日《时事新报》的《学灯》副刊第 5 版上的《浮士德》第一部中的《夜》的汉译，与雷克拉姆出版社 1975 年第 26 版《浮士德》的原文，以及约翰·奥斯特的英译本做了比较，指出郭译的版本中对原著的“误读”，与译者在箱崎的那间狭小陋室的总体状况和内在性情有关，从而考察翻译者的文化背景、个性特质、生活处境对翻译文笔的影响。

我对文章的内容倒并不怎样热心，但对作者的治学态度是肃然起敬的。文章的开头是一段与论文内容关系不大却十分醒人耳目的话：

中国的图书编目家有时对一些具有很高学术价值的图书不够重视，也没有把它们提供给读者。这与很难找到更原始的材料有关（至少过去如此），有时也与相信前辈批评家所陈述的事实有关，或者与当代大多数中国学者未经仔细比较就很快做出结论有关。

中国的图书编目家的工作，我不知其详，但就目下的研究风气来看，确实有许多不尽如人意的现象。

说是更原始的材料很难找到，倒是不假。但能找得到的是否就会被重视，却也难说。看今天的学者，肯于爬梳剔抉、皓首穷经的就很不易见。前人下过很笨拙的功夫，做过许多基础工作，为后来的研究者铺垫了许多路，到今天我们还是多有仰赖。现如今，更多的人习惯于张了口袋在路边捡桃子，肯于栽树培土的就很寥寥。于是就出现了另一个问题：相信前辈批评家所陈述的事实。

不肯苦心劳作的人，也只能如此，亲自种植做不到，就只能贩卖。贩卖也是要讲求质量的，若是识货，还不至歪曲，至少做了一回真理的宣传者，但如果不辨真伪，随心所欲，便贻害无穷。就是在前辈批评家之中，也有靠不断地敲击奉献出燧火的，也有随时俯仰没有学术立场的。只一味地相信，如果往坏处想，就是不能走出误区；如果往好处想，也是难以蹚出新路。东施效颦，还自以为捧了一颗西子的心，而东施的效仿者也攒眉，甚至不知道还要假装捧着一颗西子的心。这就会造成一个大闹剧：当代大多数中国学者未经仔细比较就很快做出结论。

这位来自斯洛伐克科学院的学者高利克，一定是对中国的学术状况深以为忧，不吐不快，才在文章开头，表达这样中肯的意见。这样的意见，大概也只有一个直性子的外国人才肯直言不讳。我们如果肯于正视和检省自己，对这样的意见，是应该虚心地接受下来，汗颜之后，痛改前非的。于是，我们要给“当代大多数中国学者”提两条基本的建议：

一是仔细比较一下，二是不要急于做出结论。

神话与瞎话

天黑了，小孩子又不肯入睡，能让一颗欢跃的心平静下来的，是大人们嘴上的故事。开着灯讲故事是要耗费灯油的，大人就熄了灯讲，所讲的故事叫作“瞎话”。

这些故事不知不觉成了人生的营养，烙印在记忆的模板上。

大概自己有三个儿子的缘故，母亲喜欢讲的故事之一是关于穷汉娶妻的。

一个穷人家，家中多病的母亲只能勉强给儿子做口饭吃；孝顺的儿子，每天打柴维持母子二人的衣食。母亲死了，连做饭的人也没有，每日回家，房空灶冷。

突然有一天，屋子被打扫得干干净净；掀起盖板来，锅里是热腾腾的饭菜。像这样的日子一连过去了几天。年轻人要探个究竟，这一天便不去打柴，悄悄在家藏起来。一个美貌的女子出现了。她走到灶边正要做饭，年轻人走出来。女子发现有人，变成一只白鸽向窗口飞去，年轻人纵身一跃，抓住了鸽子的一只腿。鸽子又变回了女人。故事的结局是这样的，那女人成了年轻人的妻子，他们过起了幸福的生活。

讲故事时可以添加许多枝叶，但大体如此。

这纯然是穷汉的梦想。但这样的梦做得多了，也会渗透在小孩子的意念中。幻想总是美好的，可以给黑夜带来无穷的色彩。

这类故事里的女人，都有这样的特点：貌美，心善，有超人的法力，不嫌男人穷。这些都与穷汉很相宜。但一般的穷汉是不被惠及的，一定是有善良、孝顺、勤劳等诸多美德者，穷厄至极，或失了双亲，或被兄嫂逐出了家门，云云。

幸福的境界常蕴蓄在苦难的心灵里。而在我的生命中，我痛苦地看到，自己一直生活在神话与瞎话编织的世界里。

由几则老话儿想到的

大约在我十六七岁的时候，有一段时间很乐于看一点名言类的东西。那时还不像后来，易找到名言集锦类的书，于是遇到什么就读什么。

不知从哪儿得来的一本小册子，上面的几个句子至今还记得，都是些“逢人且说三分话，未可全抛一片心”“酒后不言真君子，财上分明大丈夫”之类。这些话语中都含着某种生存的世故，也昭示着某种世俗的灼见。印象最深的一句是“三十不豪，四十不富，五十到老寻死路”，后来知道孔子曾用而立、不惑、知命等词语描述人生轨迹，联想起来，俗雅凡圣之间，道理却是相通的。

在生存中遇到了某种磕绊，换了某种教训，常常想到过来人的感慨，用所谓“老话说得好”云云，一次次做了“老话”的注脚。于是有了下面的文字。

一、知人知面不知心

中国的相术，曾极度地发达过一段时间。两个月前我到书店里，离一般“国学”的书目不远，或就在“国学”的书籍中，可看到麻衣相术一类的名目。如果相术之流也在国学中，足见“国学”的包罗之富，也可见“相术”的根深蒂固，更可见中华文化的博大。

看那相书上所列，何处有颗痣，何处有道纹，眼睛作什么形状，鼻子长什么样子，都分明标志着吉祥或祸事。此种情况，虽是用力甚勤，却还是将人大大地简化了。历来奸恶，有几人是写在脸上的？如只凭表象就洞悉了五脏六腑，前世今生，那离太平世界也就不远了。幸好不是所有的人都单单凭貌相去讨论是非褒贬，连常人也都知道“知人知面不知心”这个常识。看来，相术之流，也可以歇歇了。

而另一层的担忧也就随之而来：人们不再相信所谓的种种相术，骨子里早就为自己设了厚厚的壁障，随心地去妄作揣度，而又搬出“画人画虎难画骨，知人知面不知心”的老话。这恐怕并不是以小人之心度君子之腹。

二、各人自扫门前雪

杜甫老人家真是崇高的典范，茅屋尚且不能自保，却高喊着“大庇天下寒士俱欢颜”。按照这样的理想，冬季下雪时就应该先扫尽一街的雪，再来经管自家。但事实是，我们有个“各人自扫门前雪，休管他人瓦上霜”的老话儿。降格求之，能自扫门前雪也还是不错的。在我所熟悉的城市街区里，现在是门前雪不自扫，倒是将脏水泼到马路上。凡是店多人杂的地方，通常也是垃圾多而杂的地方。

还有一种更常见的就是以邻为壑，以路为河了。

学校墙外一段短而窄的马路，到学生晚课前的间休时间，就有十几个推着三轮车的小贩，各抱地势，叫卖各种吃食。雪水还没有尽，正是走路无处下脚的时候。竹签子、包装纸随处可见，临收摊了，小贩们还在清理自己的东西：倒掉没喝完的饮料，扫去摊床边的碎屑，扔掉废弃的灰渣……

孩子不知从哪里听说，秦时的法律最严了，要是敢随便倒垃圾，就会被砍手。我就笑笑说：“我们的法律要是那样严，到外面一看，满大街都是手了。”

倒也未必，虽有砍手的法律，不能执行，你待怎样！

三、日久见人心

中外都有一个古老的故事类型：恶人占尽风光，好人总是不幸，最后善恶自见，各有报应。这样的故事本身就是个悲剧，只不过中国人喜欢看到放心睡觉，于是总有一个大团圆的结局，所谓老天有眼，恶有恶报。这种麻痹意识带来人生的不能自省，观众重复地盼到圆满，悲剧还是重复地上演。

虽说日久见人心，但能日久相处的人本就稀少。翻开历史，善始善终的朋友总抵不过不欢而散的多，有用时沙聚，无用时雾散的比比皆是。中国是聪明人的渊薮，你看这不起眼的样貌、个头，肚肠里可有比万里长城还长的弯弯绕。中国人没有站到世界排头，那是因为太聪明的人聚在一起，智力互相抵消的缘故。日久见人心，见的却还是这样日久的人心。

四、好死不如赖活着

这正是生生不息的精神基因！西方人住着高敞大屋，享受着优裕的生活，一有经济危机，就在那里跳脚、不平，在以忍辱负重、善于苟且的华夏之邦的人看来，真是太不知羞臊了。中国人苦日子过惯了，很容易满足。但偶尔到网上一看，却也张贴着许许多多的不满。鲁迅说过："不满是向上的车轮。"中国人虽然不满，但却又不肯去争取，发发牢骚之后，什么事都好将就，因为我们有这样一个坚定不移的生存信条：好死不如赖活着。我们随处可以听见这一信条演绎的旋律——

这是命。

知足常乐。

差不多就行呗。

有口饭吃就中呗。

这不比过去强多了！

你怎么这样不知足呢！

是福不是祸，是祸躲不过。

人活一世草木一秋啊！

咋过还不是一辈子？

干吗那么认真呢！

你还想咋的呀？

破财免灾。

天注定。

致巴尔扎克

矿渣的收集者，

无与伦比的标本制作人，

在白日的喧嚣中浮沉，
可敬，可笑，可畏。
而在世俗的死亡之谷的喘息中，
你踞在那里，
给墙壁一个变形的大影。
上帝的灵光，
透过厚厚的窗帘，
流向人间。

某一日的心情

凋零，然后落寞，
归于宁静。
这寂寂的人生，
这每一个躁动的清晨。
寒风中消散了温热，
周身只是凉与冷，
奔突的心还在挣扎，
一点热热的红。

咏 怀

我在一个冷屋子监考政治。念及夫妻体弱，女儿久病，信笔为之。

其一

闲看落花静对雪，
春暮冬深两由之。
老来徒染一腔炽，
不复当年青丝时。

其二

少年不解世间事，
书页层层筑清高。
道是红莲香飘远，
每言青松雪后凋。
身卑岂足风雅慕，
物贵方知华盖交。
百毒攻心冰而火，
对谁一啸一长嗥。

风

北地的风，
你破空而至，撞开了我没有拴好的窗。
枯枝腐叶，
在你搅起的动荡的一天里，
飞舞苍白的灵魂。
积雪被撕扯成破絮，
打碎了和平安详的梦。
他们曾告诉我，
大地一片洁白，
没有歧路，
没有污秽。
晚上，你在钢筋水泥间奔突，
猫还没有叫春，
孩子也没有哭，
你在狂欢，
世界在战抖，
只有你在狂奔。
空气里饱含土腥，
光影扭曲碎裂，
纠缠着满市车声。
大地那熏黑的肺，
怎能做如此的呼吸？

是因为在湖底冰封太久吗？

是为了给清明世界做一个前驱吗？

回忆，是一种寄托

洁白的雪花飞满天

飘雪的时候，总会有一支歌在我耳畔响起，歌的开头是这样的：

洁白的雪花飞满天，
白雪覆盖着我的校园。
漫步走在这小路上，
脚印留下了一串串。

去年冬雪多且大，为近一二十年所罕见。跟雪有关的片断总会溜出封闭的记忆之门，恣意徜徉。于是有一种担心，自己是不是变老了？

一路白雪覆盖，很少见露出的地面。近山的村庄到山顶的树林，连接着白色的苍茫。腊月天，往山里去只有一行脚印，被一个人踩出，被一些人重复。万径无踪，寂静得连个雀子声也没有。这脚印，也是进山上坟的人留下的。沿着脚印前行，越往深处，脚印越少，终于到没有。弟兄几个，谁都不言语。纸钱烧起来，积雪和树枝有了微妙的不同，颤颤地。

一冬的雪，它原来是怎样的细碎穿林，怎样的磅礴摧枝，怎样的逐风飞舞，现在都那样淡然地落幕，积得满山满谷，寂静而纯粹。雪下，是走过一世的人。

母亲踩着雪回家，已经很晚了。她有三个儿子，分别是 6 岁、3 岁和 1 岁。她顶着雪出去，拜访多年不走动的老亲。她攥着50块钱回来，能购买两间房的椽木、檩木了。五口人在那两间房里，经历了二十多个冬天。其间飘了多少场雪，飘韧了孩子的筋骨，飘白了母亲的头发。

父亲送我过了村口，背上背了几只宰杀好的公鸡，给我带的。父亲不让我背。出了村，我赶紧让父亲回去。背了几只公鸡，一径走向离家八里的车站。那一天刚下过雪，雪花还在飘，同时飘的还有我不争气的眼泪。母亲的腿不好，送到门口。我走出很远，回望时还看到她那前倾的姿势。

初三了，人还那样单薄。第一次住校，背着行李，赶十二里路。绳子勒肩，勒手。那时下着轻雪，天不是很寒。今天要是见了一个初中生一个人背个大行李，一定很感叹。那时不觉得什么，花了钱，交粮食，能住在学校里，已经是一种幸福。

黄昏，其实已经黑下了。借着白日的残光和昏黄的灯光，几个青年男女打起了雪仗。那是大学三年级的冬天，对有的人恨不得打中，对有的人又生怕打中。那一刻，心里有了怜惜。但也竟未谈过一场恋爱，一任云来，雪落，天晴。

那个晚上刚落过雪，文科楼的雨搭上风吹雪落，簌簌地缠绕着灯光流泻。第二天是考研的日子，班里的几个人报了名，其中一个是我同寝室的哥们儿。我没有考，那时有一个执拗的怪想法，以为创作远胜于研究，以为考研就是搞研究。

以雪为令。这是带学生扫雪的那些冬天听到的最多的话。初中的、高中的，校园里、马路上，匆忙着、快乐着。现在，变成交了钱出去。于是，不再扫雪，看雪的兴致也少了。雪一多，城里人又厌烦地说："又下雪啦！"

雪落在不同人的心里，有人惊奇，有人欣喜，有人恬静，有人烦乱。雪伴着北方人走过，映得头上的天空更蓝，衬得鞭炮的纸屑更红。长时间在雪地走，会因为色彩的单调而目盲，由白茫茫落入黑沉沉。

有一个遥远而温馨的回忆。雪花不大，很稀落。静寞的下午，远处几头牛在柴垛边咀嚼着玉米的秸秆。一声雀叫，狗的低吟，烧柴的声音，都清晰可闻。空气里散发熟悉的清香：玉米糙子的清香，干白菜的清香，农家酱的清香。那年头，鼻子都精灵得很。那时候，我们在外面疯玩儿，大人在屋里围着火炉闲谈。

人生最幸福的是小时候，无忧无虑。那时候我们还小，父母正年轻。

洁白的雪花飞满天——所有的回忆漫漶时，这支歌又在耳边响起。大学毕业后一直在中学教书，算起来，从 8 岁上学到现在，36 年一直没有离开过校园。记不得是什么时候听到这支歌，该有二三十年了吧。总能想起的原因，不单是白雪漫天的景象，更多的倒是歌的末尾几句：

有的直有的弯，
有的深有的浅，
朋友啊想想看，
道路该怎样走？
洁白如雪的大地上，
该怎样留下，
留下脚印一串串。

逢年过节

一、端午

五月初五，称端午，这是后来知道的。小时候，我们只叫它五月节。这一天要做两件事：采艾蒿，吃煮鸡蛋。

采艾蒿是父亲的事。他拿了镰刀，离开家，走过沟沟坎坎的路，将艾蒿带回来，捆一把塞在屋檐下。年年如此。我如果还在乡下生活，并做着两三个孩子的父亲，也会如此。问过母亲为什么五月节挂艾蒿，母亲就讲了下面的故事。

有一个妇人，带两个孩子行路。大的背在背上，小的走在地下。一个老人见了，提出疑问。妇人说："大的是先房的，所以背在背上，小的是自己生的，就走在地上。"

老人临走时告诉这妇人，不久要有瘟疫，在五月初五那天采来艾蒿挂在门前，可消灾免祸。妇人还将消息告诉给邻居们。

后来果真出现了瘟疫。村庄里家家挂了艾蒿，都无恙。因为艾蒿能消灾避疫，从此人们在五月节这天都采艾蒿。

善有善报。天下有恶劣的后妈，也有好心肠的后妈，好心肠的后妈得好报。

村里不悼屈原，也不赛龙舟，粽子先前就没听过。关于端午节，我印象最深的就是艾蒿，况且还有一个劝善的故事。

采艾蒿大概算精神层面的。小时候过节，期盼的无非是能有好吃的，比如说煮鸡蛋。不论其间赶了几次集，用鸡蛋换了油盐，这一天总会有鸡蛋吃。煮了一大盆，是一年里见煮鸡蛋最多的一天。在电影中，子弟兵离开老乡，沿路的乡亲一定弯筐挎篓地送上煮鸡蛋。我上大学报到时，母亲给我揣了很多鸡蛋，三四天里集中吃也吃不完。

这几年，逢端午节会吃几个粽子。我自小没有吃过粽子，虽然知道那是这个节令的食物，但并没有一定要吃的渴望。鸡蛋，也因为年龄增长的缘故，不像小时候那样被当作必需品了。倒是艾蒿，虽不能食，却似乎总脱不去精神的牵系，即使不买，也还惦记着。

今年的端午，我晨跑后到街边的早市转了转，见到艾蒿，买了一扎。但据内行的人说，那是柳蒿。我使劲地闻去，确实闻不出童年记忆的味道。

许多事都离我远去，端午也成为我记忆中的一个抽象的符号。

二、中秋

中秋节，我小时候的乡亲都叫它八月节。月饼是吃的，此外再没有什么。果品就是逢什么时节吃什么，海棠果、山里红、山丁子也不是随时都能得到。有一年，父亲在园子里种了几株西瓜苗，我们一直等到八月节才摘下，算是吃了一回西瓜。那一年嫁接的“123 苹果”也坐了果，到八月节时正红得可爱，也甜脆。这是我记得的最好的八月节了。

生产队里有一年杀了猪，家里让我去领分的肉。分的那一点肉，丢到我拿在手里的洋漆盆里，就像大襟上粘了一个米粒一般。那一点肉大约和芹菜一起被包成了饺子。

上到高中，作文里有关于中秋的题目，我也陆续知道些古人在这一天的吟咏。但我写不出站在庭前观月，透过帘幕望远的文字。我所记得的，就是晴朗的晚上，这一天的月亮又大又亮，在没有灯光的夜晚简直是一个奇迹。所以，关于月亮的美丽故事我是宁愿相信的，嫦娥、仙兔、吴刚、桂花树，织就了月宫的传说。远望去，也分明看到那树，那人，那兔。

也不知怎的，“嫦娥”这个名字从听到的那一天起，我就认定她是一个美女。后来又知道她偷仙药的事，知道还有一个后羿，知道“嫦娥应悔偷灵药，碧海青天夜夜心”的诗句。关于中秋，就只剩了这一个传说。好在那月亮是永远挂在天上的，并且值得庆幸圆缺只是人心的事，月亮并没有什么残损，嫦娥也就该是无恙的。

三、春节

生活在乡村的人，对一切旧历的年节有着深厚的感情，而对阳历的节日，只当作是城里人的假日罢了。我们那里称国庆节为“十一放假”，称元旦为“阳历年”，都是并不当作节日的，一个显著的标志就是在这时并不买什么好吃的，而春节就大不一样了。

过年要说吉利话，忌讳口无遮拦。小时候，我听母亲讲过一个故事：

除夕夜，一个穷人家什么也没有。但也要在这个晚上吃顿饺子。当家的到院子里抱柴，却抓了狗屎在手里。他仰天长叹：“唉，这日子可够过了！”

隔墙的一家也出来抱柴，听了这话，以为一定是得了什么财宝。过了年，就托媒人要把姑娘嫁过来。这一家真是诚惶诚恐，连说家穷，不敢让姑娘过来受苦的。但姑娘家主意已定，绝不嫌弃夫家日子穷，这门亲事就很快办成了。

过了门，新媳妇每日里留心家里的财宝藏在何处。久而无果，就对婆婆说：“妈，都说咱家有财宝，咱家的财宝藏在哪儿了？”婆婆笑笑回答：“咱家是有财宝，你找吧，找到就全归你。”于是新媳妇就更加上心。

一天，煮饭的灶坏了，修灶时媳妇发现灶下有一块石板。掀开石板，底下是一个大罐子，罐子里面全是金元宝！

这一家从此过上了好日子。

母亲说：“过年时要管住自己的嘴，不能乱说话。”没有比穷人更能幻想发财的，中国的穷人尤其能靠着幻想来慰藉贫穷。但贫穷依旧。

来我们那里包队的干部姓张，人已经四五十了，谈到小时候家里穷，过年时没钱办置嚼果。临年底，家里让他跟了别人家的大人到集上买点葱，结果把这一点钱还挤丢了，回来时父亲只叹了一声，什么也没有说。但那叹息，他一直记着，每到过年时就更清晰。

听着别人的苦难，也会冲淡自家的悲酸。二五八逢集，赶年集是进了腊月以后，尤其是腊月二十二、腊月二十五两天，争取把过年要买的东西都买齐。二十八被称作“穷棒子集”，要不是贪买一点便宜货，通常这一天就在家准备过年，再不出去了。大年要办的是添置新衣的布料、肉、鱼、米、面、冻梨、冻柿子等等。这些都是零星地买回来，要看了很多摊儿，问了很多价，费了很多口舌，下了很多决心才买下的。鞭炮买回来是不能随便放的，一定要等到年三十才行。母亲可是忙得很，要缝衣、制鞋；要做出来年一年的酱；要蒸黏豆包、年糕、馒头，将其一帘子一帘子冻在外面；要扫棚、糊墙……总是有忙不完的事。

小时候看大人忙碌这些，心下盼年的热情一天天高涨，总觉得日子太慢。现在逢着春节，却心情寡淡得多了。年节好过，难过的是长长的日子；而人过中年，觉得日子一天天变短，连一生的时间也显得很匆匆了。真想再回到那长长的等待中去。

清　明

清明一到，我就将棉衣脱了。母亲总是心急地说：“别忙脱棉衣，要着凉的。”但我也不顾及了。

上小学时，每年清明，要结了队去扫墓。离学校东六七里路的地方叫作“东沟”，葬着烈士。据说是新中国成立前，一队解放军战士在县城东部的山林里遭遇了土匪，交火后死了二十来个人，为首的是一位排长，一说连长。烈士们的安葬很仓促，据说只为战士们裹了一张席。

列队，默哀，诵诗，高年级的几个学生跟着老师一道培土，然后离开。

记忆中清明节这一天总会落一点雨，又下得不透彻，天阴阴的，有一点闷。高高矮矮的学生，在高高低低的路上，一路蛇行地走出沟坎。一开始是列队走，有一段看不到人家，到了附近的村庄，三五个学生就离了队直奔自家去了。于是，整个队伍里的人，遥遥地望着自家的方向，各自沿岔道飞奔开去。

每年总是在这一天跑得满头满脸的汗，到了家，就不顾一切地丢下棉袄棉裤，任大人怎样劝，再不穿上身了。好在为换季准备的夹衣早已做好，而随着微雨飘落，地面松软，温润的风也开始光临北方，再不需要大棉袄二棉裤捂着了。

这样的情形已过去了许多年。在城里生活，冬天本来穿得不是很多，春寒料峭，活动又少，也并不觉得太热，但每到清明，总会想起小时候清明节的那一幕，提醒自己该换去冬装了。母亲总会在这几天提醒我，棉衣别脱得太早。

逢年遇节，楼下的十字路口常有人烧纸，清明节前一两天更集中。到城里的这些年，每当看到夜里火光中年轻的、年老的身影，近旁那因火焰而有些失真的面庞，自己总是很庆幸，母亲在，父亲在，二老都好。人活百岁，没有比双亲俱在更能引以为幸的了。

两位老人培养了三个儿子，看着我们上学、长大、娶妻、生子，连最小的孙子也上初中了。但就在前年，他们相继去世了。

今年的清明，比往年冷，山上还有残雪和未化开的冰。扫墓回来，见许多人还是穿着冬装，不大见春天的气象。母亲在时又会说："天冷，可不能脱棉衣。"

三弟小时候不大在意母亲的话，结果落了个关节炎的病。我是听话一些的，母亲嘱咐的都记在心里：出了汗别在房檐下站着，小心受风；疾跑后不能喝凉水，会炸肺；见着狗直着脖子向你走来，要马上躲开，小心让疯狗咬着；不认识的人给你吃的，千万别要，小心让人领走……

我的耳边又响起母亲唤着我的乳名的叮嘱："春捂秋冻，可别急着换衣服，年轻时坐下病，老了老了就找上来啦……"

可是，这样的叮嘱，再也听不到了。

我的三位理科老师

现在想来，化学课给我印象最深的事都在一个下午发生了。

实验课上，我正将一个粗大的试管往试管夹上固定。紧了几次，还是感到没有拧紧。再拧，试管碎了。第一个反应是要赔多少钱，打碎东西是要赔的。个子不高，脸瘦瘦的化学老师，瞋了我一眼。于是，我顿时渺小了许多，趁势坐到后面去了。

只是充看客，也不能安坐。后面的某生将一个试管刷在试管里拨来弄去，残存的硫酸就溅进了我衬衫领子与头发的间隙，烧到我的后颈，很灼热的一下之后，倒也忍得住。接下来我就时不时用手去揉搓那被灼过的皮肉，只盼着下课了。

下课后直奔水龙头。那是冬天，水龙头在户外——邻近宿舍是水房，水房的后身接出一个水龙头——水龙头下被不断积聚的水滴冻住，成了环形的小山。情急之时，一脚踏上去，鼻子就很重地挤压到冰环上。自那以后，有很长的一段时间，我总以为自己的鼻子是歪的。

这是每想起高中，想起化学课都会记起的。

那教化学的老师说话快，眼睛小。后来没有追究试管的事，我是很感激的。

教我们那一年，县一中最后一届初中班毕业，以后就不再有初中班了。化学老师和其他初三老师一道跟着学生一起升到高一。自然他认识许多刚教过的学生，课堂提问时，基本是老相识们在讨论新知。我确信他不会记得有我这样一个学生，我不记得我在高中的化学课上被提问过。我那时像我后来教过的许多高中生一样，并不在课堂上举手。

但我对物理老师是心怀感激的，虽然物理的事，到如今几乎是没什么太多的记忆了。他是我们的班主任。口讷，理并不屈，却常被口齿伶俐的学生说得词穷。团支书处了个对象，感情升华那一段学习却在下滑，于是常常受到班主任的教导。有时是因为别的事，说着说着又和老师对付上，于是老师像一个说不过儿子的父亲。

但一码是一码，到元旦的时候，还是让文采好的团支书致新年贺词，还是经常表扬他的种种优点。物理老师真像一个父亲，你不愿受他管，但你爱他。

那时我住校，元旦不回家。放了学，就和其他几个没有回家的同学被老师请到家里。师母做了丰盛的晚餐，老师破例让我们喝了红酒。几个同学在看电视，看得很起兴。我喝了酒，看着看着就睡了。半夜醒来，见老师正睡在我的脚边。节目也结束了，于是跟同学一道回宿舍。从小门走，过一道墙，就是宿舍了。这件事至今还记得。那是20世纪80年代中期，物质不像现在这样丰足。也不是有很多学生都能在元旦时到老师家吃节日饭吧。

我上了高中就惦记着学文科，看有的同学干脆不大学理化了。有一天我去找班主任老师，说我不想上理化的课，他教着我们班的物理课。老师没有批评我，只是根据他的经验说，理科事少，告诉我可以少做些题，课还是应该听一点。

我是在一个雨天，赤脚到没有泥泞的沙石路乘车去县里的，父亲陪着我。在教室中，班主任老师的手主动地伸向父亲，从那一刻起，我就知道自己遇到的是一位好老师。

到高二我改学文科，使我印象深刻的是数学老师。他是在23岁时毕业于浙江大学，并留校任教的。后来在打击“右派”的运动中受株连，又莫名地背上个“叛国”的罪名，在狱中度过了20年。出狱后在镇上教书，很快被县一中挖去。人快五十了，女儿只有几岁。人干瘦，但运动极好，论臂力超过我们这些十七八岁的学生。他的课讲得好，头节课上过，第二节人还没到教室里就静下来，一两个淘气的头探出门外报告老师来了。

那是很美的数学，美的数字，美的图形，无论是写在黑板上，还是刻印在卷子中。

高考前的那个冬天，学校感到文科生的数学分数有些不足，就请老师来学校补课。记得那是在晚饭后，老师来到教室。我坐在头排，看到灯光下的老师，觉得他真是显老，并且完全是中国老人的那样一种形态。上了一段时间课，每一节都一丝不苟。我不知道学校是不是给他点补助，因为我们听课是没收过一分钱的。

高中毕了业我在省城读书。有一次走在街上，见一人穿一身浅黄而近于白色的西装，从马路的另一边斜穿过来，伸过手。是数学老师！我很感动，要不是老师认出我，我是不会认出他的，在学校我从没见过西装革履的他。那个年龄很少和长辈握手，更没想到会和老师在省城的街头遇到。

数学老师第一次上课时说的几句话我总是记得：“数学，它抽象得要死，我们不能说美丽的X扑向张牙舞爪的Y。有人说天地舞台人生做戏，未免太荒唐，但数学的舞台上，却是上演着无数美丽而精彩的戏。”他面对不可教的孺子的叹息我也记得：“唉，教育不是万能的。”

毕业后我写过信给他，很快收到了回信。老师在信中所引的古诗词，有的是我工作若干年后才知道出处。

俱往矣！今天，当我记下这些事时，我再一次感到语言是多么的无力！中学时的一篇课文里有这样的句子：“让我们记住他们的名字吧！他们是……”

我记得这些老师的名字，但我不说出来。即使说出来，于他们又有何益？即使不说，于这些可敬的老师们，又有何损？

看学生的试卷，数理化的题目一个也看不懂了，但我知道，科学的训练，人格的感染，就在当时，已经融入我成长的那个时刻。当一切知识都忘记以后，留下的是一缕淡淡的云烟，随岁月飘散，或沉淀。

廿年吸烟小史

行李往上层的空铺上一放，算是报到完毕，大学生活就此开始。看对面下铺的同学点上一支烟，我顿时悲哀起来。知道自己考了一个很一般的学校，但心里想，这学校怎么什么学生都收呢？因为在那之前，我一直认为吸烟的学生都不是什么好东西。

此后在寝室里、校园中看到吸烟的人，倒也不觉得有什么不对，何况老师们也有吸烟的。系主任吸的是“石林”——20 世纪 80 年代的“石林”，要五元钱一包。讲现代文学的老先生吸的是什么我没有留意，但烟量是很大的，讲课期间会一根接一根地抽下去。这样的情况在中学没有见过，在大学我见过的也仅此一例。女同学怎样，不太知道，男同学没见有提出什么异议的。隔壁的师兄说，他们高中的政治老师是一边喝酒、嚼花生米，一边上课的，并且课讲得极好。有名望的人与一般人不同，他们的癖好会变成美谈。

我刚开始吸烟，是在将毕业的半年里。

已经吸过几次烟，并不感到有什么惬意。那第一个在我对面吸烟的同学，已成了要好的朋友，初见他吸上一口烟的悠然状，并不能理解，就像并不理解鱼游在水中有什么快乐。寒假回来，已是 90 年代初。山西的同学带了他家乡的烟，一放下背包，就拿出一盒，给在场的人发了一圈。我推辞一下，最后还是接了。对着宿舍里唯一的一面镜子想：许多人吸烟都能让烟从鼻子里冒出来，是怎么回事呢？正想时，不小心将一口烟咽了下去。烟在肚子里总会出来，或经口，或走鼻。原来如此！

之后也偶尔吸烟，或分食他人的，或将一盒烟三五人分食，断断续续，并没有成瘾。

吸烟比较具有规模，始于毕业实习时。

我们十四个人，由一位老师带队。那时的实习要一个月。有两周多的时间里，就是在学校临时安排的一间屋子里备课，第三四周上课。带队的老师年轻，也吸烟。我是队长，叨陪左右。于是在那一段时间里，算是吸得较多了。

工作以后，已有了吸烟的一点儿瘾，但开始还是有顾虑的。常是吃过午饭到校外时，或晚上办公室里仅剩下新来的两个年轻人一起备课时吸。年长的教师有吸烟的偶尔给烟，也不怎么接。

那时学校里有很多吸烟的教师。全体开会时，领导们固然是坐在第一排的。其他人大都远在后面，仿佛离领导越远，也就越是获得了某种自由。校长讲完话后坐回座位，一会儿，烟雾从那里飘起来。后面被触了烟瘾，于是也飘起烟雾。这是十六七年前开全校大会时的一个情景。

倘是在一个办公室，只有一两个人吸烟，受害者多了，自然也就会引起大多数人的反对。但在多数人吸烟的环境里，那少数讨厌烟味的也是无法，只好忍着。许多事都这样，愚妄的大多数总是会淹没少数。

有一年，十个人的屋子里，有六个人是吸烟的，屋子又小，一口烟，散满一屋。同屋的中老年女教师，有涵养的，并不多言；年轻一点的，面对年长或同龄的吸烟者，也就忍了。现在想来，惭愧得很。

我遇到过一些戒烟的人，多是健康原因。在我，也曾因身体的不适而想戒烟。曾经，试感冒是不是痊愈以能不能吸烟为标准的。当鼻塞咽痛发着热时，一口烟下去，非常痛苦，而略好时，就可吸一支烟，而能吸烟，就说明快好了。

烟之为物，本百害而无一益，但有时也会给人以片刻的慰藉。或晨阳丈许，天光临窗，六日忙碌，一朝得闲，书桌之前，燃烟一支，顿觉物我两忘；或白日欲敛，夜幕薄铺，跂足远望，低首徐回，柳荫花径，深吸轻吐，自是解累舒乏；或娇妻絮絮，翻肠倒肚，烦心往事，历历如昨，黯然无语，于吸吐之间一抒郁垒；或幼稚呶呶，不肖登极，填然愤激，几欲抓狂，长吁短叹，于吸吐之间一平心气……

近年来胸腑频痛，咽喉不适。常思戒去烟根，亦有几次努力。三年以前寒假之初前去体检，之后不染香烟几天，后又渐渐拾起。吸烟的原因，各个不同。在我，只是依靠它缓解一下心情。有时想，生活中许多烦心的关节还真多亏了这香烟，不然，虽心肺健全，或恐精神病早重了。

絮叨至此，不觉想起李煜的一首词，大概由于那开头的“四十年来”触动了不惑之人吧。于是依韵诌得几句：

四十年来蹉跎，
心中亦圣还魔。
夏雨冬风司空惯，
小众拿云只南柯。
往事付烟盒。

一旦重修旗鼓，
出家半路成佛。
浪子回头金不换，
老泉廿七悟经国。
八家有名额。

语文课：我还记得的

有些时候，会触动我对学习生活的回忆，会想到曾经上过的语文课，遇到的语文老师。

我遇到过的语文老师，也有六七位了。名姓都记得，但所讲种种，都忘记了。只有几个非关语文的事，倒还总是记着。

其一是在初中，有一回在课堂上发生了一个小冲突：一位孔姓女生，平时极爱说话的，兼善家长里短之类，上课又不停地只顾说。教语文的先生生气了。

“你站起来！”

孔姓女生站起来了。

“出去！”

“我不出去！”

言来语去之间，先生更生气了。

“你还是个人吗？”

“不是人我还会说话呢！”

“那狗还会哼哼呢！”

这话真是老赶劲了，到现在我还记得。

其二是在高中，是关于中学时代最后一位语文老师的事。那位老师也是我们的班主任。

我是四月份提前参加了高等师范考试的。那一次被录取的有十几个，大家接到通知书后，一位同学提议大家齐些钱，请老师吃个饭，并买点礼物。大家事先都没想到这些，待遇到这提示，也都感到是很对的。感谢老师，本是应有之意，更何况我们将来也大抵是要做老师的。

就是张罗齐钱的那位同学，当年是保送的。他家里有个工厂，属于20世纪80年代第一批富裕起来的。有传言说他给老师送了礼，还有一台彩电云云。

一个星期天，老师让我们一些男生去他家帮着干活，搬搬抬抬一些东西。

第二天上课前，老师说有人说他收了学生的礼等等，纯属无中生有，接着道：

“你们昨天到我家看了，我家有电视吗？别说电视，连个方块儿的都没有！要有——那是豆腐！”

这几句话至今我还真真地记得。但那位老师所教的语文，却一点想不起。能记得的就是，每到还剩十几二十分钟，又没什么可讲的时候，他就让我们自己看书，看注释，却远不如一句“那是豆腐”刻骨铭心。

我是喜欢学语文的，在中学做过几年课代表。也还零星记得一些语文课上的片光碎影，但只有这两件事，我记得深刻。当年读鲁迅的《一件小事》，当读到先生说幼小时读过的“子曰诗云”，“背不上半句了”，“独有这一件小事，却总是浮在我眼前，有时反更分明”时，还只道是一个对比衬托而已，现在看来，却不仅是艺术的并举，而更是生活的实情了。

现在，我教着语文也过了二十年了。我不知道我给学生留下了怎样的记忆。

作为一个语文老师，该给学生留下怎样的记忆呢？

甸子·泉

甸子是一种低洼地，常常临河；不临河时，也是一年之中多为水泽。夏天里，多青蛙、小鱼、村户的鹅鸭，周边多荒草。小时候这样的甸子很多。

我们在老屋住时，出大门往南，走一段周围密匝匝长满柳树条子的小路，出林子二三十步，是一眼泉。泉的南面有河，泉东、河北就是一片甸子，一直绵延到另一个村庄。那时我们叫它南甸子。我们的新屋盖成后，已经是在这甸子西一里多路的地方了，于是我们称它为东甸子。从新屋往东是一条田界路，路边有老树根，需防着跌绊，也有长得并不高的榆树和柳树。

那时村里人吃水，有两处水源。村西在生产队队委会附近有一口井，井口宽大，需摇辘轳。村东就是那个天然的泉眼。井的好处是易保持清洁，且在村子里，过路人一般是不到的。我们那里，即使干旱年，也只是将辘轳绳多放下一点而已，水量从来都是充沛的。泉就不同，它是露天的，又在村子之外，不易维护，淘气的孩子用长棍搅动，或谁家的鹅鸭进去嬉戏一番，就要等上一些时候才清澈下来。但我们那眼泉维护得很好。有三条小道可以到那泉边，刚好连接着村庄东部的十几户人家。泉丈许，靠村的一侧用厚木板搭了垫脚，走三五步到木板的前端，下面正是泉的中心。四下里都是水草，密密的。泉水清冽。夏天的清晨，将一枚鸡蛋在碗中搅过，拿到泉边舀一下泉水，就成了一碗蛋花，跟用滚水冲出的一般模样。泉里有鱼，细长，白，很像一把刀。

在我十四五岁之前，那泉水一直很好。泉在甸子西北角，甸子也一直很好。甸子中还有几处泉眼，因为远，又浅，人们并不用来取水吃。在使用化肥之前的那些年，每到冬季，我的父辈拿了镐头和铁锹，从甸子里挖出冻结的塘泥，送到集体的田里去。春节前差不多都在做这件事。塘泥被挖走，甸子里形成大的泡子，一年深过一年。泉边，泡子边，是大人们再三叮嘱不要下水的地方。泡子边有大片的空地，长满车前草、扁竹芽，水边有三棱草；也有花，荠菜花、蒲公英花、马兰花，也有肥硕的茎叶间举出蓝色小花的那一种；有蝴蝶、蜻蜓、燕子、小雀。我们在水边疯跑，在水边坐着，在水边躺下，无处不自在。我们的猪倌就常将一村的猪赶到这里来，坐在水边的高坡上，悠闲而傲慢地挥舞他的鞭子。猪倌的鞭子哨好，清脆，仅次于马车老板的。

村子里陆续有了自家打在院子里或屋子里的压水井，用泉水的就只剩下三五家，泉水也保护得不好了。先是有人割去了泉边茂密的草，晾在那里准备做柴烧；接着，不知哪一天，垫脚的木板被偷走了；后来，弄了个井口粗的水泥管子，直插到泉眼，在管上豁一个口，可使水流出。人们从新的井里取水，水很快就补充上来，直到多出的水流出去，仍沿着原先的小溪流到南面去。但好景不长，水开始不那么多了，还有人直接在井里洗东西，脏水流不出去，不是味儿了。那泉水的地方，后来变成了一个大泥坑。

包产到户以后，有几户人家就在甸子里开荒，占为己有，养鱼，或种菜。甸子边的河本是东面山里的水沿低处形成的溪流。山里修了水库，溪流就成了泄洪渠，过去年年修，修出了一条半自然半人工的河。后来开始种水稻，家家争水，截堵，一条河被分割，蚕食。没几年，就没有河的样子，变得面目全非了。原来河坝上还可以走马车，后来渐渐低下去，终于河与岸齐，没有岸，也没有河了。

每当听人讲起小时候捉鱼捞虾的趣事，就会想起那一片甸子，那一眼泉。据说在父亲小的时候，周边有合抱的杨树，可以烧好水，直接到水里去捞虾来煮，冬天眼盲的野鸡会飞到村民的柴垛里。在他十来岁的时候，还能在河里捉捉鱼：白鲢、鲤子、鲫鱼、狗鱼、老头鱼、穿钉子……到秋天沤麻的时候，还有鲶鱼。等到我上到高中，这些就不再有了。

田野，田野，到如今，是只有田，再无野了。人们的心也一天天程式化，积郁日深，定期发作，不再有甸子的活泼泼的野性和泉水的清凌凌的明澈了。

后 记

教学或许可以有浪漫的憧憬，但须是扎实地劳作。譬如悍妇驯夫，指爪留痕，方能烙印深刻。回望二十余年走过的路，感慨系之。

闻着墨香，自然念及这些文字由无到有，因少成多的缘起，这要说到张玉新老师。如果将这本小书比作一只炮仗，那么玉新兄的工作如下：他看你还有点火药，认定可以卷一个炮仗，于是催你说，你应该卷一个炮仗；他看你忙碌无所用心，窥破你得过且过的散漫，于是催你说，你应该装足火药；更重要的，他看你囫囵吞枣地造了一个哑炮，又帮你安了个捻儿，点上火。于是，引信嗞嗞作响了。

又想起在中华语文网上开设博客的那个下午，还记得自己博客上寥寥的几句开头语：

“玉新兄雅意，敦我开博。又蒙不弃，忝列于此。忽然想到，我是个不善经营的人，既经开张，总须陈列一些物事，使得偶尔经过的人一张之下，觉得还算是个店，虽不见到可意的货色，也不至自悔完全跑了空路。”

那是 2011 年 4 月 2 日。这里的大部分文字都自那时开始积聚。

今天，这些文字以一本书的样子摆在这里，我很感谢给我以鞭策与鼓励的人们。但直到现在，我都怯于想到自己要出一本书。这一点东西实在是微不足道的，何况思考如此浅薄，伦类如此芜杂。

但愿这点东西，对偶尔读到的人或有些微之益。

2013 年 8 月